中华人民共和国行业标准

公路工程水泥及水泥混凝土试验规程

Test Methods of Cement and Concrete for Highway Engineering

JTG E30—2005

主编单位：交通部公路科学研究所
批准部门：中华人民共和国交通部
施行日期：2005 年 08 月 01 日

人民交通出版社股份有限公司

图书在版编目（CIP）数据

公路工程水泥及水泥混凝土试验规程：JTG E30—2005 / 交通部公路科学研究所主编. —北京：人民交通出版社股份有限公司，2016.9
 ISBN 978-7-114-13319-0

Ⅰ.①公… Ⅱ.①交… Ⅲ.①道路工程—混凝土—材料试验—试验规程—中国 Ⅳ.①U414.1-65

中国版本图书馆 CIP 数据核字（2016）第 218187 号

标准类型：	中华人民共和国行业标准
标准名称：	公路工程水泥及水泥混凝土试验规程
标准编号：	JTG E30—2005
主编单位：	交通部公路科学研究所
出版发行：	人民交通出版社股份有限公司
地　　址：	（100011）北京市朝阳区安定门外外馆斜街 3 号
网　　址：	http://www.ccpress.com.cn
销售电话：	（010）59757973
总 经 销：	人民交通出版社股份有限公司发行部
经　　销：	各地新华书店
印　　刷：	北京市密东印刷有限公司
开　　本：	880×1230　1/16
印　　张：	9.5
字　　数：	200 千
版　　次：	2016 年 9 月　第 1 版
印　　次：	2020 年 1 月　第 5 次印刷
书　　号：	ISBN 978-7-114-13319-0
定　　价：	55.00 元

（有印刷、装订质量问题的图书，由本公司负责调换）

中华人民共和国交通部

公 告

第 3 号

关于发布《公路工程水泥及水泥混凝土试验规程》（JTG E30—2005）、《公路工程岩石试验规程》（JTG E41—2005）、《公路工程集料试验规程》（JTG E42—2005）的公告

现发布《公路工程水泥及水泥混凝土试验规程》（JTG E30—2005）、《公路工程岩石试验规程》（JTG E41—2005）和《公路工程集料试验规程》（JTG E42—2005），自2005年8月1日起施行。原《公路工程水泥混凝土试验规程》（JTJ 053—94）、《公路工程石料试验规程》（JTJ 054—94）和《公路工程集料试验规程》（JTJ 058—2000）同时废止。

《公路工程水泥及水泥混凝土试验规程》（JTG E30—2005）与《公路工程集料试验规程》（JTG E42—2005）由交通部公路科学研究所主编，《公路工程岩石试验规程》（JTG E41—2005）由中交第二公路勘察设计研究院主编。规程的管理权和解释权归交通部，日常的具体解释和管理工作由主编单位负责。

请各有关单位在实践中注意积累资料，总结经验，及时将发现的问题和修改意见函告规程主编单位（交通部公路科学研究所，北京市海淀区西土城路8号，邮政编码：100088；中交第二公路勘察设计研究院，武汉市汉阳区鹦鹉大道498号，邮政编码：430052），以便修订时参考。

特此公告。

中华人民共和国交通部
二〇〇五年三月三日

前 言

原中华人民共和国行业标准《公路工程水泥混凝土试验规程》(JTJ 053—94)于1994年7月5日发布,1994年12月1日实施,规程所涉及的各项试验方法与当时的相关国家标准保持一致或等效。该规程自颁布实施以来,在我国公路工程建设中得到广泛应用,对指导和规范公路工程水泥及水泥混凝土试验起到了重要作用。

近几年来,随着世界经济贸易及政治形势的变化,世界各国对采用国际标准提出了新的要求,推动了各国将本国标准同国际接轨的进程。我国十分重视与国际标准的接轨工作,1993年国家质量监督检验检疫总局颁布了《采用国际标准和国外先进标准管理办法》,2001年11月21日再次发布命令,实施《采用国际标准管理办法》。该办法指出,采用国际标准和国外先进标准是我国的一项重要技术政策,是技术引进的重要组成部分,应同我国的技术引进、技术改造和新产品开发相结合。

1994年国家建材局下达水泥标准修订项目计划任务书,中国建筑材料科学研究院等单位于1995年开展"ISO 679水泥强度检验方法(国际法)"和"ISO标准砂(国际标准砂)"的试验研究工作,于1999年提出了主要内容与ISO 679:1989完全一致的国家标准《水泥胶砂强度检验方法(ISO法)》(GB/T 17671—1999)。由于水泥强度检验方法是水泥的最基本试验方法,所以这项试验方法的修订引起一系列相关标准方法的修订。接着建设部也组织中国建筑科学研究院等单位对水泥混凝土拌合物性能及硬化混凝土力学指标有关的试验方法进行修订。

原《公路工程水泥混凝土试验规程》是在国家标准和其它通用行业标准的基础上结合公路工程的特点编制的行业标准。因此,在国家标准和通用行业标准变化的情况下,对现行《公路工程水泥混凝土试验规程》(JTJ 053—94)中有关试验条件、仪器设备乃至整个试验方法进行相应的修订是非常必要的。

本次修订遵循了以下几个原则:

1.试验方法的选取:基本保持现行试验规程的格局,根据相关标准的修订情况,综合考虑本行业的需求和一般实验室仪器设备的可行性选取。

2.试验方法中凡是已有国家标准(包括即将制定完成的国家标准)的,以其为基础进行修订;尚无国家标准或国家标准不能适应行业要求的,积极采用国外或其它行业的先进标准。

3.在主要内容上与通用标准保持一致。

根据上述修订原则及相关标准的修订情况,本次修订的主要内容有:

(1)为便于设计、施工等标准规范的引用,重新调整试验方法编号;

（2）"水泥胶砂强度检验方法（ISO法）"及规程中所有与其相关的内容；

（3）"水泥标准稠度用水量、凝结时间、安定性检验方法"及其相关内容；

（4）增加水泥浆体流动性试验方法；

（5）增加水泥胶砂干缩试验方法；

（6）水泥混凝土试验方法中与现行国标不一致的内容；

（7）增加水泥混凝土拌合物泌水试验方法；

（8）增加碾压混凝土拌合物稠度试验及试件制作方法；

（9）增加水泥砂浆抗压强度试验方法。

本规程由交通部公路科学研究所负责解释。希望各单位在使用中注意总结经验，在执行中有何意见和建议，请及时函告交通部公路科学研究所（地址：北京市海淀区西土城路8号，邮政编码：100088，电话：010-62079598，传真：010-62079556，电子邮件：km.niu@rioh.cn）或中建标公路工程委员会秘书处（地址：北京市海淀区西土城路8号，邮政编码：100088，电话：010-62079195，传真：010-62079195，电子邮件：SHC@rioh.cn）。

原规程主编单位： 交通部第二公路勘察设计院（现中交第二公路勘察设计研究院）
   交通部公路科学研究所

原规程主要起草人： 周俊卿　蔡正咏　李世绮　夏玲玲　李苏平

本规程修订单位： 交通部公路科学研究所

本规程主要起草人： 牛开民　田波　夏玲玲　刘英

目 次

1 总则 ·· 1
2 术语和符号 ·· 3
  2.1 术语 ·· 3
  2.2 符号 ·· 5
3 水泥试验 ·· 6
  T 0501—2005 水泥取样方法 ·· 6
  T 0502—2005 水泥细度检验方法（80μm 筛筛析法） ·· 9
  T 0503—2005 水泥密度测定方法 ·· 13
  T 0504—2005 水泥比表面积测定方法（勃氏法） ·· 15
  T 0505—2005 水泥标准稠度用水量、凝结时间、安定性检验方法 ····························· 21
  T 0506—2005 水泥胶砂强度检验方法（ISO 法） ·· 28
  T 0507—2005 水泥胶砂流动度测定方法 ··· 37
  T 0508—2005 水泥浆体流动度测定方法（倒锥法） ··· 40
  T 0509—2005 水泥浆体流动度测定方法（筒球法） ··· 42
  T 0510—2005 水泥胶砂耐磨性试验方法 ··· 44
  T 0511—2005 水泥胶砂干缩试验方法 ·· 49
  T 0512—2005 水泥胶砂强度快速试验方法（1.5h 促凝压蒸法） ······························ 54
4 水泥混凝土拌合物试验 ·· 61
  T 0521—2005 水泥混凝土拌合物的拌和与现场取样方法 ······································· 61
  T 0522—2005 水泥混凝土拌合物稠度试验方法（坍落度仪法） ······························· 63
  T 0523—2005 水泥混凝土拌合物稠度试验方法（维勃仪法） ·································· 66
  T 0524—2005 碾压混凝土拌合物稠度试验方法（改进 VC 法） ································ 68
  T 0525—2005 水泥混凝土拌合物表观密度试验方法 ··· 70
  T 0526—2005 水泥混凝土拌合物含气量试验方法（混合式气压法） ························· 72
  T 0527—2005 水泥混凝土拌合物凝结时间试验方法 ··· 76
  T 0528—2005 水泥混凝土拌合物泌水试验方法 ··· 79
  T 0529—2005 水泥混凝土拌合物配合比分析试验方法 ·· 81
5 硬化水泥混凝土性能试验 ··· 87
  T 0551—2005 水泥混凝土试件制作与硬化水泥混凝土现场取样方法 ························ 87
  T 0552—2005 碾压混凝土抗弯拉试件的制作方法 ··· 93

— 1 —

编号	名称	页码
T 0553—2005	水泥混凝土立方体抗压强度试验方法	95
T 0554—2005	水泥混凝土圆柱体轴心抗压强度试验方法	97
T 0555—2005	水泥混凝土棱柱体轴心抗压强度试验方法	100
T 0556—2005	水泥混凝土棱柱体抗压弹性模量试验方法	102
T 0557—2005	水泥混凝土圆柱体抗压弹性模量试验方法	106
T 0558—2005	水泥混凝土抗弯拉强度试验方法	109
T 0559—2005	水泥混凝土抗弯拉弹性模量试验方法	111
T 0560—2005	水泥混凝土立方体劈裂抗拉强度试验方法	114
T 0561—2005	水泥混凝土圆柱体劈裂抗拉强度试验方法	116
T 0562—2005	水泥混凝土抗弯拉试件断块抗压强度试验方法	119
T 0563—2005	水泥混凝土强度快速试验方法(1h促凝压蒸法)	120
T 0564—2005	水泥混凝土动弹性模量试验方法(共振仪法)	126
T 0565—2005	水泥混凝土抗冻性试验方法(快冻法)	129
T 0566—2005	水泥混凝土干缩性试验方法	133
T 0567—2005	水泥混凝土耐磨性试验方法	135
T 0568—2005	水泥混凝土抗渗性试验方法	137
T 0569—2005	水泥混凝土渗水高度试验方法	139
T 0570—2005	水泥砂浆立方体抗压强度试验方法	141

1 总　　则

1.0.1 为规范公路工程中所使用水泥及水泥混凝土各种性能及特征值的测定,特制定本规程。

1.0.2 本规程适用于公路工程用水泥及水泥混凝土性能试验。

1.0.3 本规程使用的仪器设备,均应经相应的计量部门或检测机构检定合格。

1.0.4 计量单位应采用国家法定计量单位。

1.0.5 本规程所使用的筛孔除特殊说明外,均指方孔筛。

1.0.6 现行相关标准的内容通过在本规程中引用而构成为本规程的条文。本规程发布时,所引用版本均为有效。当所引用版本更新时,应探讨使用最新版本的可能性。

条文说明

为标准化本规程所采用国家标准或国际标准的用语,本规程使用:"等同"、"修改"、"非等效"。本规程中所使用"等同"是指标准与国家标准或国际标准在技术内容和文本结构上完全相同;或者与国家标准或国际标准的技术内容上相同,但可以包含小的编辑性修改。"修改"是指标准与国家标准或国际标准在技术内容上允许存在差异,这些差异应清楚地表明并给出解释。"非等效"是指与国家标准或国际标准在技术内容和文本结构上不同,同时他们之间的差异也没有被清楚地表述。

为方便引用,列出表 1.0-1 供参考。

表 1.0-1　本规程和其它方法对照表

本规程	国 标	ISO	ASTM	建 材	其 它
T 0501	GB 12573—1990				
T 0502	GB/T 1345—2005				
T 0503	GB/T 208—1994		ASTM C188—1989		
T 0504	GB 8074—1987		ASTM C204—2000		
T 0505	GB/T 1346—2001		ISO 9597—1989		
T 0506	GB/T 17671—1999	ISO 679—1989			
T 0507	GB/T 2419—2005				

表 1.0-1（续）

本规程	国标	ISO	ASTM	建材	其它
T 0508			ASTM C939—1997		
T 0509					
T 0510				JC/T 421—2004	
T 0511			ASTM C596—2001	JC/T 603—2004	
T 0512				JC/T 738—2004	
T 0521		ISO 2736-1—1986			
T 0522		ISO 4109—1980	ASTM C143/C143M—2000		
T 0523		ISO 4110—1979			
T 0524					
T 0525		ISO 6276—1982			
T 0526		ISO 4848—1980	ASTM C231—1997		
T 0527			ASTM C403—1999		
T 0528			ASTM C232—1999		
T 0529					
T 0551		ISO 2736-2—1986	ASTM C192/C192M—2000 ASTM C31/C31M—2000		
T 0552					
T 0553		ISO 4012—1978			
T 0554			ASTM C39/C39M—2001		
T 0555					
T 0556					
T 0557		ISO 6784—1982	ASTM C469—1994		
T 0558		ISO 4013—1978	ASTM C78—2002		
T 0559					
T 0560		ISO 4108—1980			
T 0561		ISO 4108—1980	ASTM C496—1996		
T 0562					AASTHO T140
T 0563					
T 0564			ASTM C215—1997		
T 0565			ASTM C666—1997		
T 0566					
T 0567			ASTM C944—1999	JC/T 421—1991	
T 0568					
T 0569					DL/T 5150—2001
T 0570			ASTM C109/C109M—2001		

2 术语和符号

2.1 术　语

2.1.1 细度 fineness

描述水泥粗细程度的参数。用规定筛网上所得筛余物的质量占试样原始质量的百分数或用比表面积来表示水泥样品的细度。

2.1.2 凝结时间 setting time

从加水开始,到水泥浆失去可塑性所需时间。

2.1.3 安定性 soundness

表征水泥硬化后体积变化均匀性的物理指标。雷氏法是观察由两个试针的相对位移所指示的水泥标准稠度净浆体积膨胀程度,而试饼法是观察水泥标准稠度净浆试饼体积膨胀程度。

2.1.4 标准稠度用水量 normal consistency

简称稠度,是指水泥净浆达到规定稠度时的加水量,以水泥质量百分率表示,用于测定水泥浆凝结时间和安定性的用水量。

2.1.5 水泥胶砂 cement mortar

一定比例的水泥、砂和水的混合物。水泥可以是不同类型的;砂可以是标准砂或 ISO 砂;一般用水量会根据不同要求而改变。

2.1.6 碾压混凝土 roller-compacted concrete

一种振动碾压成型的干硬性水泥混凝土。

2.1.7 坍落度 slump

一定形状的新拌水泥混凝土拌合物在自重作用下的下沉量。

2.1.8 坍落扩展度 slump spread

当新拌水泥混凝土拌合物的坍落度大于 220mm 时,拌合物最终扩展后的直径。

2.1.9 含气量 air content
按规定试验方法,所测得水泥混凝土拌合物单位体积所含气体的百分率。

2.1.10 泌水 bleeding
新拌水泥混凝土拌合物在静置状态下表面水分渗出现象。

2.1.11 水泥混凝土拌合物表观密度 cement concrete apparent specific density
单位体积新拌水泥混凝土拌合物的质量。

2.1.12 抗压强度 compressive strength
立方体试件或标准圆柱体试件单位面积上所能承受的最大压力。

2.1.13 抗弯拉强度 flexural strength
按规定试验方法测得水泥混凝土小梁试件所能承受的最大弯拉应力。

2.1.14 轴心抗压强度 axial compressive strength
棱柱体试件或圆柱体试件轴向单位面积所能承受的最大压力。

2.1.15 抗压弹性模量 compressive modulus of elasticity
棱柱体试件或圆柱体试件轴向承受的一定压力时产生单位变形所需应力。

2.1.16 抗弯拉弹性模量 flexural modulus
棱柱体试件承受的一定弯拉应力时产生单位变形所需应力。

2.1.17 抗冻性 resistance to freezing and thawing
水泥混凝土抵抗冻融循环的能力。

2.1.18 干缩性 drying shrinkages
一定环境下水泥混凝土失水后尺寸的收缩性能。

2.1.19 抗渗性 resistance to hydraulic pressure
水泥混凝土抵抗一定水压力的能力。

2.1.20 渗水高度 depth under hydraulic pressure
水泥混凝土在一定水压力下的渗水高度。

2.1.21 ISO 砂 ISO standerd sand

特指符合 GB/T 17671—1999 要求的试验用砂,其多级粒径为 0.08mm～0.5mm, 0.5mm～1.0mm,1.0mm～2.0mm。

2.1.22 集料的公称最大粒径 normal maximum size of aggregate

指集料可能全部通过或允许有少量不通过(一般容许筛余不超过10%)的最小标准筛筛孔尺寸。通常公称最大粒径比集料最大粒径小一个粒级。

2.2 符　号

符　号	意　义	符　号	意　义
B_a	拌合物泌水量	f_{ts}	水泥混凝土立方体劈裂抗拉强度
C	水泥混凝土强度等级专用符号	G	水泥胶砂单位面积的磨损量
E_c	水泥混凝土抗压弹性模量	G_c	水泥混凝土单位面积的磨损量
E_d	水泥混凝土动弹性模量	K_n	经 n 次冻融循环后的试件相对耐久性指数
E_f	水泥混凝土抗弯拉弹性模量	P	经 n 次冻融循环后试件的相对动弹性模量
F	水泥试样的筛余百分数	P_t	t 天龄期的水泥混凝土水分蒸发率
f'	水泥混凝土断块抗压强度	R_c	水泥胶砂的抗压强度
f_{1h}	促凝蒸养1h快硬湿筛砂浆抗压强度	R_f	水泥胶砂的抗折强度
$f_{1.5h}$	促凝压蒸1.5h快硬水泥胶砂抗压强度	S	水泥混凝土抗渗等级
f_{PR}	单位面积贯入阻力	S_c	水泥的比表面积
f_{cc}	水泥混凝土圆柱体抗压强度	S_d	龄期 d 天的水泥混凝土干缩率
f_{cp}	水泥混凝土棱柱体轴心抗压强度	S_k	水泥混凝土相对渗透系数
f_{ct}	水泥混凝土圆柱体劈裂抗拉强度	S_t	水泥胶砂的干缩率
f_{cu}	水泥混凝土立方体抗压强度	W_n	n 次冻融循环后的试件质量变化率
f_f	水泥混凝土抗弯拉强度	ρ	水泥的密度
$f_{m,cu}$	水泥砂浆立方体抗压强度	ρ_h	拌合物密度

3 水泥试验

T 0501—2005 水泥取样方法
(Test Method for Sampling of Cement)

1 目的、适用范围和引用标准

本方法规定了水泥取样的工具、部位、数量及步骤等。

本方法适用于硅酸盐水泥、普通硅酸盐水泥、矿渣硅酸盐水泥、粉煤灰硅酸盐水泥、火山灰硅酸盐水泥、复合硅酸盐水泥、道路硅酸盐水泥及指定采用本方法的其它品种水泥。

引用标准：

GB 175—1999 《硅酸盐水泥、普通硅酸盐水泥》
GB 1344—1999 《矿渣硅酸盐水泥、火山灰质硅酸盐水泥及粉煤灰硅酸盐水泥》
GB 12958—1999 《复合硅酸盐水泥》
GB 13693—1992 《道路硅酸盐水泥》

2 仪器设备

(1) 袋装水泥取样器(图 T0501-1)。
(2) 散装水泥取样器(图 T0501-2)。

3 取样步骤

3.1 取样数量应符合各相应水泥标准的规定。

3.2 分割样

3.2.1 袋装水泥：每 1/10 编号从一袋中取至少 6kg。

3.2.2 散装水泥：每 1/10 编号在 5min 内取至少 6kg。

3.3 袋装水泥取样器：采用图 T0501-1 的取样管取样。随机选择 20 个以上不同的部位，将取样管插入水泥适当深度，用大拇指按住气孔，小心抽出取样管。将所取样品放入洁净、干燥、不易受污染的容器中。

3.4 散装水泥取样器：采用图 T0501-2 的槽形管式取样器取样，通过转动取样器内管控制开关，在适当位置插入水泥一定深度，关闭后小心抽出。将所取样品放入洁净、干燥、不易受污染的容器中。

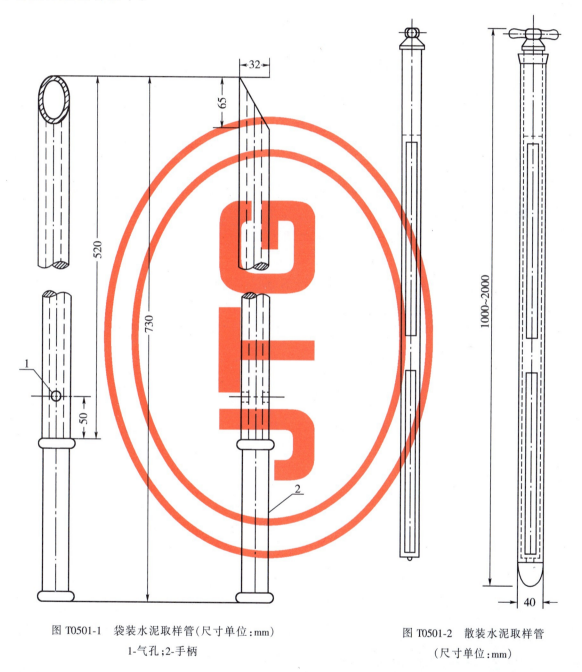

图 T0501-1 袋装水泥取样管（尺寸单位：mm）
1-气孔；2-手柄

图 T0501-2 散装水泥取样管
（尺寸单位：mm）

4 样品制备

4.1 样品缩分

样品缩分可采用二分器，一次或多次将样品缩分到标准要求的规定量。

4.2 试验样及封存样

将每一编号所取水泥混合样通过0.9mm方孔筛,均分为试验样和封存样。

4.3 分割样

每一编号所取10个分割样应分别通过0.9mm方孔筛,不得混杂。

5 样品的包装与贮存

5.1 样品取得后应存放在密封的金属容器中,加封条。容器应洁净、干燥、防潮、密闭、不易破损、不与水泥发生反应。

5.2 封存样应密封保管3个月。试验样与分割样亦应妥善保管。

5.3 在交货与验收时,水泥厂和用户共同取实物试样,封存样由买卖双方共同签封。以抽取实物试样的检验结果为验收依据时,水泥厂封存样保存期为40d;以同编号水泥的检验报告为验收依据时,水泥厂封存样保存期为3个月。

5.4 存放样品的容器应至少在一处加盖清晰、不易擦掉的标有编号、取样时间、地点、人员的密封印,如只在一处标志应在器壁上。

5.5 封存样应贮存于干燥、通风的环境中。

6 取样单

样品取得后,均应由负责取样操作人员填写如表T0501-1所示的取样单。

表 T 0501-1　　×××水泥厂取样单

水泥编号	水泥品种及标号	取样人签字	取样日期	备注

条文说明

本方法参照 GB 12573—1990、GB 175—1999、GB 1344—1999、GB 12958—1999、GB 13693—1992 制定。由于公路方面一般不涉及水泥生产过程中的试样提取,所以本方法中删去 GB 12573—1990 中有关生产过程中取样方法,仅保留袋装水泥、散装水泥取样方法。

为了确保封存样品的质量不下降,可将水泥样品用食品塑料薄膜袋装好,并扎紧袋口,放入白口铁签封。选用食品塑料薄膜袋的原因在于其表面没有增塑剂,不会形成难溶于水的物质。

表T0501-2 中列出我国通用的六种水泥和道路硅酸盐水泥的代号和执行标准等。

表 T0501-2　水泥的分类

水泥名称	代号	混合料掺量(%)					执行标准
		矿渣	火山灰	粉煤灰	石灰石	窑灰	
硅酸盐水泥	P.Ⅰ	0	/	/	0	/	GB 175—1999
	P.Ⅱ	<5			<5		
普通硅酸盐水泥	P.O	6~15,活性材料					
		6~10,非活性混合材料					
矿渣硅酸盐水泥	P.S	20~70		/			GB 1344—1999
粉煤灰硅酸盐水泥	P.F	/		20~40	/		
火山灰硅酸盐水泥	P.P		20~50				
复合硅酸盐水泥	P.C	15~50,两种或两种以上混合材料					GB 12958—1999
道路硅酸盐水泥	/						GB 13693—1992

T 0502—2005　水泥细度检验方法（80μm 筛筛析法）

(Test Method for Fineness of Cement ——the 80μm Sieve)

1　目的、适用范围和引用标准

本方法规定用 80μm 筛检验水泥细度的测试方法。

本方法适用于硅酸盐水泥、普通硅酸盐水泥、矿渣硅酸盐水泥、粉煤灰硅酸盐水泥、火山灰硅酸盐水泥、复合硅酸盐水泥、道路硅酸盐水泥及指定采用本方法的其它品种水泥。

引用标准：

GB/T 6003.1—1997　《金属丝编织网试验筛》

JC/T 728—1996　《水泥物理检验仪器　标准筛》

2　仪器设备

（1）试验筛

①试验筛由圆形筛框和筛网组成，分负压筛和水筛两种，其结构尺寸见图 T0502-1 和图 T0502-2。负压筛应附有透明筛盖，筛盖与筛上口应有良好的密封性。

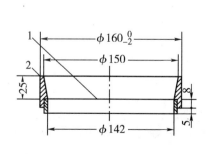

图 T0502-1　负压筛(尺寸单位：mm)
1-筛网；2-筛框

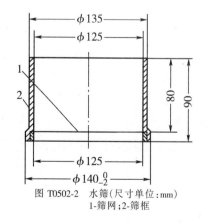

图 T0502-2　水筛(尺寸单位：mm)
1-筛网；2-筛框

②筛网应紧绷在筛框上,筛网和筛框接触处,应用防水胶密封,防止水泥嵌入。

(2)负压筛析仪

①负压筛析仪由筛座、负压筛、负压源及收尘器组成,其中筛座由转速为30r/min±2r/min 的喷气嘴、负压表、控制板、微电机及壳体等部分构成,见图T0502-3。

②筛析仪负压可调范围为 4000Pa~6000Pa。

③喷气嘴上口平面与筛网之间距离为 2mm~8mm。

④喷气嘴的上开口尺寸见图T0502-4。

⑤负压源和收尘器,由功率≥600W 的工业吸尘器和小型旋风收尘筒等组成或用其它具有相当功能的设备。

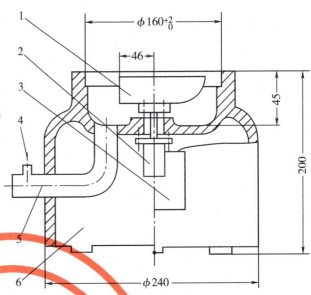

图 T0502-3 筛座(尺寸单位:mm)

1-喷气嘴;2-微电机;3-控制板开口;4-负压表接口;5-负压源及收尘器接口;6-壳体

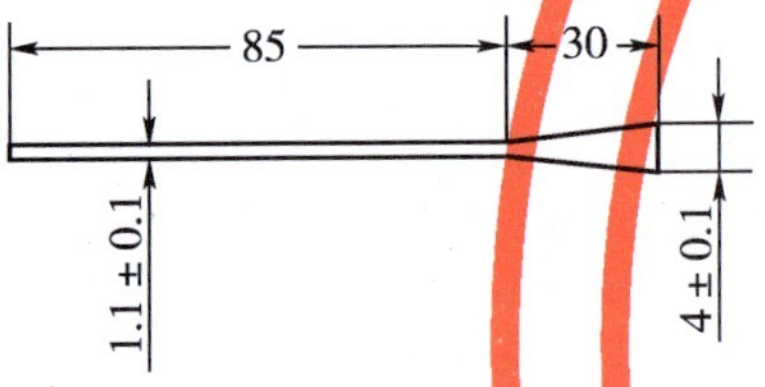

(3)水筛架和喷头

水筛架和喷头的结构尺寸应符合 JC/T 728—1996《水泥物理检验仪器 标准筛》的规定,但其中水筛架上筛座内径为 140_{-3}^{0} mm。

(4)天平

量程应大于 100g,感量不大于 0.05g。

图 T0502-4 喷气嘴上开口

(尺寸单位:mm)

3 样品处理

水泥样品应充分拌匀,通过0.9mm方孔筛,记录筛余物情况,要防止过筛时混进其它水泥。

4 试验步骤

4.1 负压筛法

4.1.1 筛析试验前,应把负压筛放在筛座上,盖上筛盖,接通电源,检查控制系统,调节负压至 4000Pa~6000Pa 范围内。

4.1.2 称取试样25g,置于洁净的负压筛中,放在筛座上,盖上筛盖,开动筛析仪连续筛析 2min,在此期间如有试样附着在筛盖上,可轻轻地敲击筛盖使试样落下。筛毕,用天平称量筛余物。

4.1.3 当工作负压小于 4000Pa 时,应清理吸尘器内水泥,使负压恢复正常。

4.2 水筛法

4.2.1 筛析试验前,使水中无泥、砂,调整好水压及水筛架的位置,使其能正常运转。喷头底面和筛网之间距离为 35mm～75mm。

4.2.2 称取试样 25g,置于洁净的水筛中,立即用淡水冲洗至大部分细粉通过后,放在水筛架上,用水压为 0.05MPa±0.02MPa 的喷头连续冲洗 3min。筛毕,用少量水把筛余物冲至蒸发皿中,等水泥颗粒全部沉淀后,小心倒出清水,烘干并用天平称量筛余物。

4.3 试验筛的清洗

试验筛必须保持洁净,筛孔通畅,使用 10 次后要进行清洗。金属筛框、铜丝网筛洗时应用专门的清洗剂,不可用弱酸浸泡。

5 试验结果

5.1 水泥试样筛余百分数按式(T0502-1)计算:

$$F = \frac{R_s}{m} \times 100 \qquad (T0502\text{-}1)$$

式中:F——水泥试样的筛余百分数(%);
R_s——水泥筛余物的质量(g);
m——水泥试样的质量(g)。
计算结果精确到 0.1%。

5.2 筛余结果的修正

为使试验结果可比,应采用试验筛修正系数方法来修正 5.1 款的计算结果。修正系数的测定,按 T 0502 附录进行。

合格评定时,每个样品应称取两个试样分别筛析,取筛余平均值为筛析结果。若两次筛余结果绝对误差大于 0.5% 时(筛余值大于 5.0% 时可放至 1.0%),应再做一次试验,取两次相近结果的算术平均值作为最终结果。

5.3 负压筛法与水筛法测定的结果发生争议时,以负压筛法为准。

6 试验报告

试验报告应包括以下内容:
(1)试样编号;
(2)要求检测的项目名称;
(3)原材料的品种、规格和产地;
(4)试验日期及时间;

(5)仪器设备的名称、型号及编号;
(6)环境温度和湿度;
(7)试验采用方法;
(8)执行标准;
(9)水泥试样的筛余百分数;
(10)要说明的其它内容。

T 0502 附录　水泥试验筛的标定方法

A.1　原理
用标准样品在试验筛上的测定值,与标准样品的标准值的比值来反映试验筛孔的准确度。

A.2　水泥细度标准样品
应符合 GSB 14—1511 要求,或相同等级的标准样品。有争议时以 GSB 14—1511 标准样品为准。

A.3　标定操作
将标准样装入干燥洁净的密闭广口瓶内,盖上盖子摇动 2min,消除结块。静置 2min 后,用一根干燥洁净的搅棒搅匀样品。按本方法第 4 条试验步骤测定标准样在试验筛上的筛余百分数。每个试验筛的标定应称取两个标准样品连续进行,中间不得插做其它样品试验。

A.4　标定结果
两个样品结果的算术平均值为最终值,但当两个样品筛余结果相差大于 0.3% 时,应称第三个样品进行试验,并取接近的两个结果进行平均作为最终结果。

A.5　试验筛修正系数按式(T0502A-1)计算:

$$C = F_n / F_t \qquad (T0502A\text{-}1)$$

式中:C——试验筛修正系数;

F_n——标准样品的筛余标准值(%);

F_t——标准样品在试验筛上的筛余值(%)。

修正系数计算精确至 0.01。

注:修正系数 C 在 0.80~1.20 范围内时,试验筛可继续使用,C 可作为结果修正系数;当 C 值超出 0.80~1.20 范围时,试验筛应予淘汰。

A.6　水泥试样筛余百分数结果修正按式(T0502A-2)计算:

$$F_C = C \cdot F \qquad (T0502A\text{-}2)$$

式中:F_C——水泥试样修正后的筛余百分数(%);

C——试验筛修正系数;

F——水泥试样修正前的筛余百分数(%)。

条文说明

本方法参照 GB/T 1345—2005 修改。其原理是采用 80μm(180 目)筛对水泥试样进行筛析试验,用筛网上所得筛余物的质量占试样原始质量的百分数来表示水泥样品的细度。

相对于原规程,由于手工干筛干扰因素较多,结果不稳定,所以本方法删去手工干筛。在实际操作中水压法的水压稳定至关重要,当水压较高时,样品会溅在筛框上,导致筛余结果偏低;反之,水压偏低,则会引起筛余偏高。可通过一定稳压措施得到稳定水流。

对于负压法而言,应保持负压筛水平,避免外界振动和冲击。当筛网有堵塞现象时,可将筛网反置,反吹空筛一段时间,再用刷子清刷;也可用吸尘器抽吸。

一般而言,水泥石强度并不一定随水泥细度的增加、组份水化活性的提高而提高。但颗粒越细,水化活性越高。水泥细度通常用筛余或比表面积来衡量。除了进行上述指标的控制,对于细度而言粒度分布也是重要因素。粒度分布是指组成水泥的所有颗粒中,不同粒径颗粒所占的百分比。粒度分布的测定不仅是控制水泥颗粒细度的一种有效的方法,更重要的是它将对粉磨、分级等环节的优化提供准确的依据。有研究表明,$3\mu m \sim 30\mu m$的颗粒是担负水泥强度增长的主要粒级,其它粒度区段的颗粒对水泥强度的增长作用较小,大于$60\mu m$的颗粒甚至仅起填料作用。

GB 175—1999中规定硅酸盐水泥、普通硅酸盐水泥的$80\mu m$筛筛余量不大于10%。

T 0503—2005 水泥密度测定方法

(Standerd Test Method for Cement Density)

1 目的、适用范围和引用标准

本方法规定了水泥密度的测量方法。

本方法适用于硅酸盐水泥、普通硅酸盐水泥、矿渣硅酸盐水泥、粉煤灰硅酸盐水泥、火山灰硅酸盐水泥、复合硅酸盐水泥、道路硅酸盐水泥的密度及指定采用本方法的其它粉状物料密度的测定。

引用标准:

GB 253—1989《煤油》

2 仪器设备

(1)李氏瓶。检定水泥密度用的李氏瓶应符合关于公差、符号、长度以及均匀刻度的要求,容积为220mL～250mL,带有长180mm～200mm、直径约10mm的细颈,细颈上刻度读数由0mL至24mL,且0~1mL和18mL～24mL之间应具有0.1mL刻度线,见图T0503-1。

(2)恒温水槽或其它保持恒温的盛水玻璃容器。

(3)天平:量程大于100g,感量不大于0.01g。

(4)温度计:分度值不大于0.1℃。

(5)滤纸。

3 试验方法

3.1 将无水煤油注入李氏瓶中,液面至0mL到1mL刻度线内(以弯月液面的下部为准)。盖上瓶塞并放入恒温水槽内,使刻度部分浸入水中(水温应控制在李氏瓶刻度上的温度),恒温30min,记下第一次读数。

3.2 从恒温水槽中取出李氏瓶,用滤纸将李氏瓶内零点以上没有煤油的部分仔细擦净。

3.3 水泥预先通过0.9mm的方孔筛,在110℃±5℃温度下干燥1h,并且在干燥器内冷却至室温。称取水泥60g,精确至0.01g,用小匙借助洗净烘干的玻璃漏斗装入李氏瓶中,反复摇动,直至没有气泡排出,再次放入恒温水槽,在相同温度下恒温30min,记下第二次读数。

3.4 两次读数时,恒温水槽温差不大于0.2℃。

4 试验结果

4.1 水泥密度按式(T0503-1)计算

$$\rho = 1000 \times \frac{P}{V} \quad \text{(T0503-1)}$$

式中:ρ——水泥的密度(kg/m^3);
P——装入密度瓶的水泥质量(g);
V——在试验所确定温度条件下被水泥所排出的液体体积,即李氏密度瓶第二次读数减去第一次读数(cm^3)。

4.2 密度须以两次试验结果的平均值确定,计算精确至$10kg/m^3$。两次试验结果之差不得超过$20kg/m^3$。

5 试验报告

试验报告应包括以下内容:
(1)原材料的品种、规格和产地;
(2)试验日期及时间;
(3)仪器设备的名称、型号及编号;
(4)环境温度和湿度;
(5)执行标准;
(6)水泥试样的密度;
(7)要说明的其它内容。

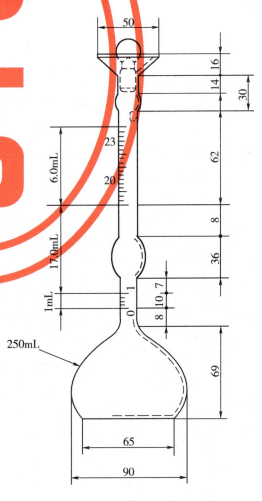

图 T0503-1 测定密度的仪器
(李氏密度瓶)(尺寸单位:mm)

条文说明

本方法参照 GB/T 208—1994 修改，而 GB/T 208—1994 参照 ASTM C 188—1989 制定。其工作原理为将水泥装入一定量液体介质的李氏瓶内，并使液体介质充分地浸透水泥颗粒。根据阿基米德定律，水泥的体积等于它所排开的液体体积，从而算出水泥单位体积的质量即为密度。为使测定的水泥不产生水化，液体介质采用无水煤油。操作过程中，应保证水泥在装入时和瓶内液体的温度相一致。

硅酸盐水泥的密度一般为 3100kg/m³ ~ 3200kg/m³，普通硅酸盐水泥在 3100kg/m³ 左右，矿渣水泥为 2600kg/m³ ~ 3000 kg/m³。

T 0504—2005 水泥比表面积测定方法（勃氏法）
(Method of Determination for Specific Surface of Cement——Blaine Method)

1 目的、适用范围

本方法规定采用勃氏法进行水泥比表面积测定。

本方法适用于硅酸盐水泥、普通硅酸盐水泥、矿渣硅酸盐水泥、粉煤灰硅酸盐水泥、火山灰硅酸盐水泥、复合硅酸盐水泥、道路硅酸盐水泥以及指定采用本方法的其它粉状物料。本方法不适用于测定多孔材料及超细粉状物料。

2 仪器设备

(1)Blaine 透气仪：如图 T0504-1、图 T0504-2 所示，由透气圆筒、压力计、抽气装置等三部分组成。

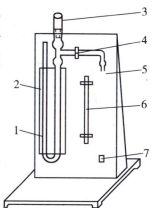

图 T0504-1 Blaine 透气仪示意图

1-U 形压力计；2-平面镜；3-透气圆筒；4-活塞；5-背面接微型电磁泵；6-温度计；7-开关

(2)透气圆筒：内径为 $12.70^{+0.05}_{0}$ mm，由不锈钢制成。圆筒内表面的粗糙度 $R_a = 1.60\mu m$，圆筒的上口边应与圆筒主轴垂直，圆筒下部锥度应与压力计上玻璃磨口锥度一致，两者应严密连接。在圆筒内壁，距离圆筒上口边 55mm ± 10mm 处有一突出的宽度为 0.5mm ~ 1mm 的边缘，以放置金属穿孔板。

(3)穿孔板：由不锈钢或其它不受腐蚀的金属制成，厚度为 $1.0^{0}_{-0.1}$ mm。在其面上，等距离地打有 35 个直径 1 mm 的小孔，穿孔板应与圆筒内壁密合。穿孔板两平面应平行。

(4)捣器：用不锈钢制成，插入圆筒时，其间隙不大于 0.1mm。捣器的底面应与主轴垂直，侧面有一个扁平槽，宽度 3.0mm ± 0.3mm。捣器的顶部有一个支持环，当捣器放入圆筒时，支持环与圆筒上口边接触，这时捣器底面与穿孔圆板之间的距离为 15.0mm ± 0.5mm。

(5)压力计：U 形压力计尺寸如图 T0504-2a)所示，由外径为 9mm 的具有标准厚度的玻璃管制成。压力计一个臂的顶端有一锥形磨口与透气圆筒紧密连接,在连接透气圆筒的压力计臂上刻有环形线。从压力计底部往上 280mm～300mm 处有一个出口管,管上装有一个阀门,连接抽气装置。

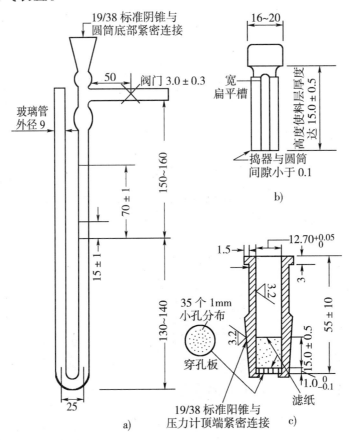

图 T0504-2 Blaine 透气仪结构及主要尺寸(尺寸单位:mm)
a)U 形压力计;b)捣器;c)透气圆筒

(6)抽气装置:用小型电磁泵,也可用抽气球。
(7)滤纸:采用中速定量滤纸。
(8)天平:感量为 1mg。
(9)秒表:分度值为 0.5s。
(10)其它:烘干箱、干燥箱和毛刷等。

3 材料

(1)压力计液体
压力计液体采用带有颜色的蒸馏水。
(2)基本材料
基本材料采用中国水泥质量监督检验中心制备的标准试样。

4 仪器校准

4.1 漏气检查

将透气圆筒上口用橡皮塞塞紧,接到压力计上。用抽气装置从压力计一臂中抽出部分气体,然后关闭阀门,观察是否漏气。如发现漏气,用活塞油脂加以密封。

4.2 试料层体积的测定

4.2.1 水银排代法：将两片滤纸沿圆筒壁放入透气圆筒内,用一个直径略比透气圆筒小的细长棒往下按,直到滤纸平整放在金属的穿孔板上。然后装满水银,用一小块薄玻璃板轻压水银表面,使水银面与圆筒口平齐,并须保证在玻璃板和水银表面之间没有气泡或空洞存在。从圆筒中倒出水银,称量,精确至0.05g。重复几次测定,到数值基本不变为止。然后从圆筒中取出一片滤纸,试用约3.3g的水泥,按照本方法5.3款的要求压实水泥层[注]。再在圆筒上部空间注入水银,同上述方法除去气泡、压平、倒出水银称量,重复几次,直到水银称量值相差小于0.05g为止。

注：应制备坚实的水泥层,如水泥太松或不能压到要求体积时,应调整水泥的试用量。

4.2.2 圆筒内试料层体积 V 按式(T0504-1)计算,精确到 $5 \times 10^{-9} m^3$：

$$V = 10^{-6} \times (P_1 - P_2)/\rho_{水银} \quad (T0504-1)$$

式中：V——试料层体积(m^3)；

P_1——未装水泥时,充满圆筒的水银质量(g)；

P_2——装水泥后,充满圆筒的水银质量(g)；

$\rho_{水银}$——试验温度下水银的密度(g/cm^3),见表T0504-1。

表 T0504-1　在不同温度下水银密度、空气粘度 η 和 $\sqrt{\eta}$

室温(℃)	水银密度(g/cm³)	空气粘度 η (Pa·s)	$\sqrt{\eta}$
8	13.58	0.0001749	0.01322
10	13.57	0.0001759	0.01326
12	13.57	0.0001768	0.01330
14	13.56	0.0001778	0.01333
16	13.56	0.0001788	0.01337
18	13.55	0.0001798	0.01341
20	13.55	0.0001808	0.01345
22	13.54	0.0001818	0.01348
24	13.54	0.0001828	0.01352
26	13.53	0.0001837	0.01355
28	13.53	0.0001847	0.01359
30	13.52	0.0001857	0.01363
32	13.52	0.0001867	0.01366
34	13.51	0.0001876	0.01370

4.2.3 试料层体积的测定,至少应进行两次。每次应单独压实,若两次数值相差不超过 $5 \times 10^{-9} m^3$,则取两者的平均值,精确至 $10^{-10} m^3$,并记录测定过程中圆筒附近的温度。每隔一季度至半年应重新校正试料层体积。

5 试验步骤

5.1 试样准备

5.1.1 将 110℃±5℃ 下烘干并在干燥器中冷却到室温的标准试样,倒入 100mL 的密闭瓶内,用力摇动 2min,将结块成团的试样振碎,使试样松散。静置 2min 后,打开瓶盖,轻轻搅拌,使在松散过程中落到表面的细粉,分布到整个试样中。

5.1.2 水泥试样,应先通过 0.9mm 方孔筛,再在 110℃±5℃ 下烘干,并在干燥器中冷却至室温。

5.2 确定试样量

校正试验用的标准试样量和被测定水泥的质量,应达到在制备的试料层中的空隙率为 0.500±0.005(50.0%±0.5%),计算式为:

$$W = \rho V(1 - \varepsilon) \tag{T0504-2}$$

式中:W——需要的试样量(kg),精确至 1mg;

ρ——试样密度(kg/m³);

V——按本方法 4.2 测定的试料层体积(m³);

ε——试料层空隙率[注]。

注:空隙率是指试料层中孔的体积与试料层总的体积之比,一般水泥采用 0.500±0.005(50.0%±0.5%)。如有些粉料按式(T0504-2)算出的试样量在圆筒的有效体积中容纳不下或经捣实后未能充满圆筒的有效体积,则允许适当地改变空隙率。

5.3 试料层制备

将穿孔板放入透气圆筒的突缘上,用一根直径比圆筒略小的细棒把一片滤纸[注]送到穿孔板上,边缘压紧。称取按本方法 5.2 确定的水泥量,精确到 0.001g,倒入圆筒。轻敲圆筒的边,使水泥层表面平坦。再放入一片滤纸,用捣器均匀捣实试料直至捣器的支持环紧紧接触圆筒顶边并旋转两周,慢慢取出捣器。

注:穿孔板上的滤纸,应是与圆筒内径相同、边缘光滑的圆片。穿孔板上滤纸片如比圆筒内径小时,会有部分试样粘于圆筒内壁高出圆板上部;当滤纸直径大于圆筒内径时会引起滤纸片皱起使结果不准。每次测定需用新的滤纸片。

5.4 透气试验

5.4.1 把装有试料层的透气圆筒连接到压力计上,要保证紧密连接不致漏气[注],并不振动所制备的试料层。

注:为避免漏气,可先在圆筒下锥面涂一薄层活塞油脂,然后把它插入压力计顶端锥形磨口处,旋转两周。

5.4.2 打开微型电磁泵慢慢从压力计一臂中抽出空气,直到压力计内液面上升到扩大部下端时关闭阀门。当压力计内液体的弯月液面下降到第一个刻度线时开始计时,当液体的弯月面下降到第二条刻度线时停止计时,记录液面从第一条刻度线下降到第二刻度线所需的时间,以秒表(s)记录,并记下试验时的温度(℃)。

6 试验结果

6.1 当被测物料的密度、试料层中空隙率与标准试样相同,试验时温差不大于±3℃时,可按式(T0504-3)计算:

$$S_c = \frac{S_s \sqrt{T}}{\sqrt{T_s}} \tag{T0504-3}$$

如试验时温差大于±3℃时,则按式(T0504-4)计算:

$$S_c = \frac{S_s \sqrt{T} \sqrt{\eta_s}}{\sqrt{T_s} \sqrt{\eta}} \tag{T0504-4}$$

式中:S_c——被测试样的比表面积(m^2/kg);
S_s——标准试样的比表面积(m^2/kg);
T——被测试样试验时,压力计中液面降落测得的时间(s);
T_s——标准试样试验时,压力计中液面降落测得的时间(s);
η——被测试样试验温度下的空气粘度(Pa·s);
η_s——标准试样试验温度下的空气粘度(Pa·s)。

6.2 当被测试样的试料层中空隙率与标准试样试料层中空隙率不同,试验时温差不大于±3℃时,可按式(T0504-5)计算:

$$S_c = \frac{S_s \sqrt{T}(1-\varepsilon_s)\sqrt{\varepsilon^3}}{\sqrt{T_s}(1-\varepsilon)\sqrt{\varepsilon_s^3}} \tag{T0504-5}$$

如试验时温差大于±3℃时,则按式(T0504-6)计算:

$$S_c = \frac{S_s \sqrt{T}(1-\varepsilon_s)\sqrt{\varepsilon^3}\sqrt{\eta_s}}{\sqrt{T_s}(1-\varepsilon)\sqrt{\varepsilon_s^3}\sqrt{\eta}} \tag{T0504-6}$$

式中:ε——被测试样试料层中的空隙率;
ε_s——标准试样试料层中的空隙率。

6.3 当被测试样的密度和空隙率均与标准试样不同,试验时温差不大于±3℃时,可按式(T0504-7)计算:

$$S_c = \frac{S_s \sqrt{T}(1-\varepsilon_s)\sqrt{\varepsilon^3}\rho_s}{\sqrt{T_s}(1-\varepsilon)\sqrt{\varepsilon_s^3}\rho} \tag{T0504-7}$$

如试验时温差大于±3℃时,则按式(T0504-8)计算:

$$S_c = \frac{S_s \sqrt{T}(1-\varepsilon_s)\sqrt{\varepsilon^3}\rho_s\sqrt{\eta_s}}{\sqrt{T_s}(1-\varepsilon)\sqrt{\varepsilon_s^3}\rho\sqrt{\eta}} \tag{T0504-8}$$

式中：ρ——被测试样的密度(kg/m³)；
ρ_s——标准试样的密度(kg/m³)。

6.4 比表面积值的单位为 m²/kg,精确至 1m²/kg。

6.5 水泥比表面积应由两次透气试验结果的平均值确定,精确至 1m²/kg。如两次试验结果相差2%以上时,应重新试验。

7 试验报告

试验报告应包括以下内容：
(1)原材料的品种、规格和产地；
(2)试验日期及时间；
(3)仪器设备的名称、型号及编号；
(4)环境温度和湿度；
(5)水泥试样的比表面积；
(6)执行标准；
(7)要说明的其它内容。

条文说明

本方法和 GB 8074—1987(neq ASTM C 204:1981)等效。水泥比表面积是指单位质量的水泥粉末所具有的总面积,以 m²/kg 表示。其原理根据一定量的空气通过具有一定空隙率和固定厚度的水泥层时,所受阻力不同而引起流速的变化来测定水泥的比表面积。在一定空隙率的水泥层中,孔隙的大小和数量是颗粒尺寸的函数,同时也决定了通过料层的气流速度。通常水泥比表面积大于300m²/kg。

测定比表面积应注意以下几个方面：

1.试样捣实:由于试料层内空隙分布均匀程度对比表面积结果有影响,因此捣实试样应按规定统一操作。

2.空隙率大小:试料层空隙率,对一般硅酸盐水泥为0.5,但对掺有多孔材料的水泥或过细的水泥,需要调整。但在测定需要相互比较的试料时，空隙率不宜改变太多。

3.透气仪各部分接头应保持紧密。

T 0505—2005 水泥标准稠度用水量、凝结时间、安定性检验方法
(Standard Test Methods for Water Requirement of
Normal Consistency, Setting Time and Soundness of the Portland Cements)

1 目的、适用范围和引用标准

本方法规定了水泥标准稠度用水量、凝结时间和体积安定性的测试方法。

本方法适用于硅酸盐水泥、普通硅酸盐水泥、矿渣硅酸盐水泥、粉煤灰硅酸盐水泥、火山灰硅酸盐水泥、复合硅酸盐水泥、道路硅酸盐水泥及指定采用本方法的其它品种水泥。

引用标准：

JC/T 727—1996 《水泥物理检验仪器 净浆标准稠度与凝结时间测定仪》

JC/T 729—1996 《水泥物理检验仪器 水泥净浆搅拌机》

GB/T 1346—2001 《水泥标准稠度用水量、凝结时间、安定性检验方法》

2 仪器设备

(1)水泥净浆搅拌机：符合JC/T 729的要求。

(2)标准法维卡仪：如图T0505-1所示，标准稠度测定用试杆（见图T0505-1c))有效长度为50mm±1mm、由直径为ϕ10mm±0.05mm的圆柱形耐腐蚀金属制成。测定凝结时间时取下试杆，用试针（见图T0505-1d)、T0501-1e))代替试杆。试杆由钢制成，其有效长度初凝针为50mm±1mm、终凝针为30mm±1mm、直径为ϕ1.13mm±0.05mm的圆柱体。滑动部分的总质量为300g±1g。与试杆、试针联结的滑动杆表面应光滑，能靠重力自由下落，不得有紧涩和旷动现象。

盛装水泥净浆的试模（见图T0505-1a))应由耐腐蚀的、有足够硬度的金属制成。试模深40mm±0.2mm、顶内径ϕ65mm±0.5mm、底内径ϕ75mm±0.5mm的截顶圆锥体，每只试模应配备一个大于试模、厚度大于等于2.5mm的平板玻璃底板。

(3)代用法维卡仪：符合JC/T 727的要求。

(4)沸煮箱：有效容积约为410mm×240mm×310mm，箅板结构应不影响试验结果，箅板与加热器之间的距离大于50mm。箱的内层由不易锈蚀的金属材料制成，能在30min±5min内将箱内的试验用水由室温升至沸腾并可保持沸腾状态3h以上，整个试验过程中不需补充水量。

(5)雷氏夹膨胀仪：由铜质材料制成，其结构如图T0505-2。当一根指针的根部先悬挂在一根金属丝或尼龙丝上，另一根指针的根部再挂上300g质量的砝码时，两根指针的针尖距离增加应在17.5mm±2.5mm范围以内，即$2x=17.5mm±2.5mm$，当去掉砝码后针尖

的距离能恢复至挂砝码前的状态。雷氏夹受力示意图如图 T0505-3。

(6)量水器:分度值为 0.1mL,精度 1%。

(7)天平:量程 1000g,感量 1g。

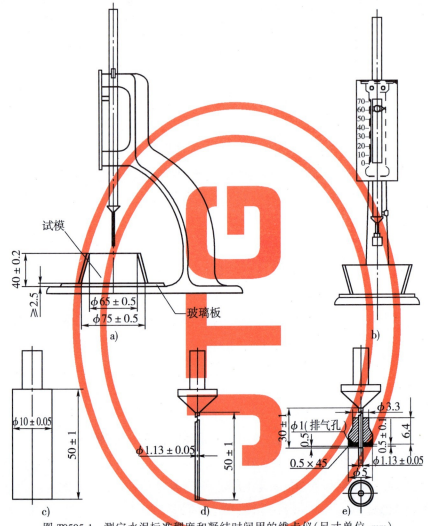

图 T0505-1　测定水泥标准稠度和凝结时间用的维卡仪(尺寸单位:mm)
a)初凝时间测定用立式试模侧视图;b)终凝时间测定用反转试模前视图;c)标准稠度试杆;d)初凝用试针;e)终凝用试针

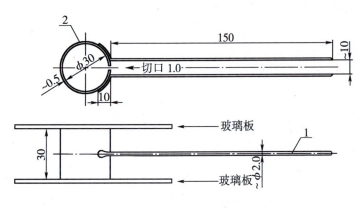

图 T0505-2　雷氏夹示意图(尺寸单位:mm)
1-指针;2-环模

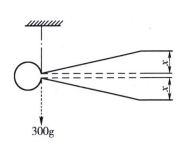

图 T0505-3　雷氏夹受力示意图

(8)湿气养护箱:应能使温度控制在20℃±1℃,相对湿度大于90%。

(9)雷氏夹膨胀值测定仪:如图T0505-4所示,标尺最小刻度0.5mm。

(10)秒表:分度值1s。

3 试样及用水

3.1 水泥试样应充分拌匀,通过0.9mm方孔筛并记录筛余物情况,但要防止过筛时混进其它水泥。

3.2 试验用水必须是洁净的淡水,如有争议时可用蒸馏水。

4 实验室温度、相对湿度

4.1 实验室的温度为20℃±2℃,相对湿度大于50%。

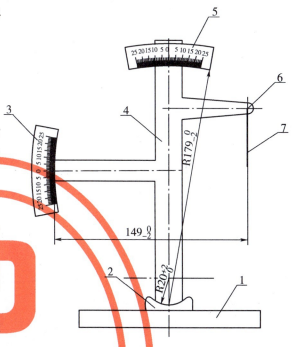

图 T0505-4 雷氏膨胀值测量仪(尺寸单位:mm)
1-底座;2-模子座;3-测弹性标尺;4-立柱;5-测膨胀值标尺;6-悬臂;7-悬丝

4.2 水泥试样、拌合水、仪器和用具的温度应与实验室内室温一致。

5 标准稠度用水量测定(标准法)

5.1 试验前必须做到

(1)维卡仪的金属棒能够自由滑动。

(2)调整至试杆接触玻璃板时指针对准零点。

(3)水泥净浆搅拌机运行正常。

5.2 水泥净浆拌制

用水泥净浆搅拌机搅拌,搅拌锅和搅拌叶片先用湿布擦过,将拌合水倒入搅拌锅中,然后5s~10s内小心将称好的500g水泥加入水中,防止水和水泥溅出;拌和时,先将锅放在搅拌机的锅座上,升至搅拌位置,启动搅拌机,低速搅拌120s,停15s,同时将叶片和锅壁上的水泥浆刮入锅中间,接着高速搅拌120s停机。

5.3 标准稠度用水量测定步骤

5.3.1 拌合结束后,立即将拌制好的水泥净浆装入已放在玻璃板上的试模中,用小刀插捣,轻轻振动数次,刮去多余的净浆。

5.3.2 抹平后迅速将试模和底板移到维卡仪上,并将其中心定在试杆下,降低试杆直到与水泥净浆表面接触,拧紧螺丝1s~2s后,突然放松,使试杆垂直自由地沉入水泥净浆中。在试杆停止沉入或释放试杆30s时记录试杆到底板的距离,升起试杆后,立即擦净。

5.3.3 整个操作应在搅拌后1.5min内完成。以试杆沉入净浆并距底板6mm±1mm的水泥净浆为标准稠度净浆。其拌合水量为该水泥的标准稠度用水量(P),按水泥质量的百分比计。

5.3.4 当试杆距玻璃板小于5mm时,应适当减水,重复水泥浆的拌制和上述过程;若距离大于7mm时,则应适当加水,并重复水泥浆的拌制和上述过程。

6 凝结时间测定

6.1 测定前准备工作:调整凝结时间测定仪的试针接触玻璃板,使指针对准零点。

6.2 试件的制备:以标准稠度用水量按5.2制成标准稠度净浆(记录水泥全部加入水中的时间作为凝结时间的起始时间)一次装满试模,振动数次刮平,立即放入湿气养护箱中。

6.3 初凝时间测定

6.3.1 记录水泥全部加入水中至初凝状态的时间作为初凝时间,用"min"计。

6.3.2 试件在湿气养护箱中养护至加水后30min时进行第一次测定。测定时,从湿气养护箱中取出试模放到试针下,降低试针与水泥净浆表面接触。拧紧螺丝1s~2s后,突然放松,使试杆垂直自由地沉入水泥净浆中。观察试针停止沉入或释放试针30s时指针的读数。

6.3.3 临近初凝时,每隔5min测定一次。当试针沉至距底板4mm±1mm时,为水泥达到初凝状态。

6.3.4 达到初凝时应立即重复测一次,当两次结论相同时才能定为达到初凝状态。

6.4 终凝时间测定

6.4.1 由水泥全部加入水中至终凝状态的时间为水泥的终凝时间,用"min"计。

6.4.2 为了准确观察试件沉入的状况,在终凝针上安装了一个环形附件(见图T0505-1e))。在完成初凝时间测定后,立即将试模连同浆体以平移的方式从玻璃板下翻转180°,直径大端向上、小端向下放在玻璃板上,再放入湿气养护箱中继续养护。

6.4.3 临近终凝时间时每隔15min测定一次,当试针沉入试件0.5mm时,即环形附件开始不能在试件上留下痕迹时,为水泥达到终凝状态。

6.4.4 达到终凝时应立即重复测一次,当两次结论相同时才能定为达到终凝状态。

6.5 测定时应注意,在最初测定的操作时应轻轻扶持金属柱,使其徐徐下降,以防止试针撞弯,但结果以自由下落为准;在整个测试过程中试针沉入的位置至少要距试模内壁10mm。每次测定不能让试针落入原针孔,每次测试完毕须将试针擦净并将试模放回湿气养护箱内,整个测试过程要防止试模振动。

注:使用能得出与标准中规定方法结果的自动测试仪器时,不必翻转试件。

7 标准稠度用水量测定(代用法)

7.1 标准稠度用水量的测定可用调整水量法和不变水量法两种方法中的任一种,如发生争议时,以调整水量法为准。采用调整水量法测定标准稠度用水量时,拌合水量应按经验确定加水量;采用不变水量法测定时,拌合水量为142.5mL,水量精确到0.5 mL。

7.2 试验前须检查项目:仪器金属棒应能自由滑动;试锥降至锥模顶面位置时,指针应对准标尺零点;搅拌机运转应正常等。

7.3 水泥净浆拌制同5.2。

7.4 标准稠度用水量测定

7.4.1 拌合结束后,立即将拌好的净浆装入锥模内,用小刀插捣,振动数次后,刮去多余净浆,抹平后迅速放到试锥下面固定位置上。将试锥降至净浆表面处,拧紧螺丝1s～2s后,突然放松,让试锥垂直自由沉入净浆中,到试锥停止下沉或释放试锥30s时记录试锥下沉深度。整个操作应在搅拌后1.5min内完成。

7.4.2 用调整水量法测定时,以试锥下沉深度28mm±2mm时的净浆为标准稠度净浆。其拌合水量为该水泥的标准稠度用水量(P),按水泥质量的百分比计。如下沉深度超出范围,须另称试样,调整水量,重新试验,直至达到28mm±2mm时为止。

7.4.3 用不变水量法测定时,根据测得的试锥下沉深度S(mm),按式(T0505-1)(或仪器上对应标尺)计算得到标准稠度用水量P(%):

$$P = 33.4 - 0.185S \hspace{4em} (T0505\text{-}1)$$

当试锥下沉深度小于 13mm 时,应改用调整水量法测定。

8 安定性测定(标准法)

8.1 测定前的准备工作

每个试样需要两个试件,每个雷氏夹需配备质量约 75g~80g 的玻璃板两块。凡与水泥净浆接触的玻璃板和雷氏夹表面都要稍稍涂上一层油。

8.2 雷氏夹试件的制备方法

将预先准备好的雷氏夹放在已稍擦油的玻璃板上,并立刻将已制好的标准稠度净浆装满雷氏夹。装浆时一只手轻轻扶持雷氏夹,另一只手用宽约 10mm 的小刀插捣数次然后抹平,盖上稍涂油的玻璃板,接着立刻将雷氏夹移至湿气养护箱内养护 24h±2h。

8.3 沸煮

8.3.1 调整好沸煮箱内的水位,使之在整个沸煮过程中都能没过试件,不需中途添补试验用水,同时保证在 30min±5min 内水能沸腾。

8.3.2 脱去玻璃板取下试件,先测量雷氏夹指针尖端间的距离 A,精确到 0.5mm,接着将试件放入水中算板上,指针朝上,试件之间互不交叉,然后在 30min±5min 内加热水至沸腾,并恒沸 3h±5min。

8.4 结果判别

沸煮结束后,即放掉箱中的热水,打开箱盖,待箱体冷却至室温,取出试件进行判别。

测量雷氏夹指针尖端间的距离 C,精确至 0.5mm,当两个试件煮后增加距离 $(C-A)$ 的平均值不大于 5.0mm 时,即认为该水泥安定性合格;当两个试件的 $(C-A)$ 值相差超过 4.0mm 时,应用同一样品立即重做一次试验。再如此,则认为该水泥为安定性不合格。

9 安定性测定(代用法)

9.1 测定前的准备工作

每个样品需准备两块约 100mm×100mm 的玻璃板。凡与水泥净浆接触的玻璃板都要稍稍涂上一层隔离剂。

9.2 试饼的成型方法

将制好的净浆取出一部分分成两等份,使之呈球形,放在预先准备好的玻璃板上,轻轻振动玻璃板并用湿布擦净的小刀由边缘向中央抹动,做成直径 70mm~80mm、中心厚约 10mm、边缘渐薄、表面光滑的试饼,接着将试饼放入湿气养护箱内养护 24h±2h。

9.3 沸煮

9.3.1 调整好沸煮箱内的水位,使之在整个沸煮过程中都能没过试件,不需中途添补试验用水,同时保证水在 30min ± 5min 内能沸腾。

9.3.2 脱去玻璃板取下试件,先检查试饼是否完整(如已开裂、翘曲,要检查原因,确定无外因时,该试饼已属不合格品,不必沸煮),在试饼无缺陷的情况下将试饼放在沸煮箱的水中箅板上,然后在 30min ± 5min 内加热至水沸腾,并恒沸 3h ± 5min。

9.4 结果判别

沸煮结束后,即放掉箱中的热水,打开箱盖,待箱体冷却至室温,取出试件进行判别。目测试饼未发现裂缝,用钢直尺检查也没有弯曲(使钢直尺和试饼底部紧靠,以两者间不透光为不弯曲)的试饼为安定性合格;反之为不合格。当两个试饼判别结果有矛盾时,该水泥的安定性为不合格。

10 试验报告

试验报告应包括以下内容:
(1)要求检测的项目名称;
(2)试样编号;
(3)试验日期及时间;
(4)仪器设备的名称、型号及编号;
(5)环境温度和湿度;
(6)执行标准;
(7)使用检测方法;
(8)水泥试样的标准稠度用水量、凝结时间、安定性;
(9)要说明的其它内容。

条文说明

本方法参照 GB/T 1346—2001 修改,而 GB 1346—2001 又与 ISO 9597:1989 等效(eqv)。相对于原方法(GB 1346—1989),在标准稠度方面新方法规定,采用试杆法为标准法,相应试锥法为代用法;在安定性方面,采用雷氏法为标准法,而试饼法为代用法,当有矛盾时,以标准法为准。

在新标准中,由于仪器设备的改变,所以初凝时间由"试针沉至距底板 2mm~3mm,即为水泥达到初凝状态"修改为"试针沉至距底板 4mm ± 1mm,即为水泥达到初凝状态"。终凝时间的测定修订改用安装环形附件的专用试针,使得终凝时间的测定更为直观。

在水泥净浆加水搅拌后,可能发生异常凝结现象。这种早期凝结又分为假凝和瞬凝。假凝的主要特征是加水凝固后,净浆没有明显温度升高,净浆重新搅拌后可恢复塑性。产生假凝的原因在于,当水泥加入水中时,半水石膏和无水石膏比 C_3A 能更快溶解,形成硫酸钙过饱和溶液,同时转化为二水石膏结晶析出,带来假凝。此外还与水泥中存在的碱有关。

瞬凝的主要特征是当水泥加入水中时,大量放热,很快失去流动性。产生的原因主要是 C_3A 含量过高,而水泥中为掺入石膏或掺入的石膏中 SO_3 过低引起的。

对于水泥早期凝固的测定方法,可参照本方法进行。在完成净浆成型后,用标准维卡仪试杆下端对准距圆模边缘直径三分之一处,在净浆完成搅拌20s后,测定试杆下沉30s时的深度为初始针入度;在净浆完成搅拌5min后,测定试杆下沉30s时的深度为终期针入度;完成终期针入度测定后,将圆模中的净浆连同剩余净浆放回搅拌机中搅拌1min,再次测定得到的针入度,为再拌针入度。对于快凝水泥可以采用针入度来表征凝结时间的快慢。

T 0506—2005 水泥胶砂强度检验方法(ISO法)

(Method of Testing Cememts for Determination of Strength——ISO method)

1 目的、适用范围和引用标准

本方法规定水泥胶砂强度检验基准方法的仪器、材料、胶砂组成、试验条件、操作步骤和结果计算。其抗压强度结果与 ISO 679:1989 结果等同。

本方法适用于硅酸盐水泥、普通硅酸盐水泥、矿渣硅酸盐水泥、粉煤灰硅酸盐水泥、复合硅酸盐水泥、道路硅酸盐水泥以及石灰石硅酸盐水泥的抗折与抗压强度检验。采用其它水泥时必须研究本方法的适用性。

引用标准:

ISO 679—1989　　　　　《水泥的试验方法　水泥强度的测定》

GB/T 6003.3—1997　　　《金属丝编织网试验筛》

GB/T 17671—1999　　　《水泥胶砂强度检验方法(ISO法)》

JC/T 681—1997　　　　《行星式水泥胶砂搅拌机》

JC/T 682—1997　　　　《水泥胶砂试件成型振实台》

JC/T 683—1997　　　　《40mm×40mm 水泥抗压夹具》

JC/T 723—1996　　　　《水泥物理检验仪器　胶砂振动台》

JC/T 724—1996　　　　《水泥物理检验仪器　电动抗折试验机》

JC/T 726—1997　　　　《水泥胶砂试模》

2 仪器设备

(1)胶砂搅拌机

胶砂搅拌机属行星式,其搅拌叶片和搅拌锅作相反方向的转动。叶片和锅由耐磨的金属材料制成,叶片与锅底、锅壁之间的间隙为叶片与锅壁最近的距离。制造质量应符合 JC/T 681—1997 的规定。

(2)振实台

振实台(图 T0506-1)应符合 JC/T 682—1997 的规定。由装有两个对称偏心轮的电动机产生振动,使用时固定于混凝土基座上。基座高约 400mm,混凝土的体积约 $0.25m^3$,重约 600kg。为防止外部振动影响振实效果,可在整个混凝土基座下放一层厚约 5mm 天然橡胶弹性衬垫。

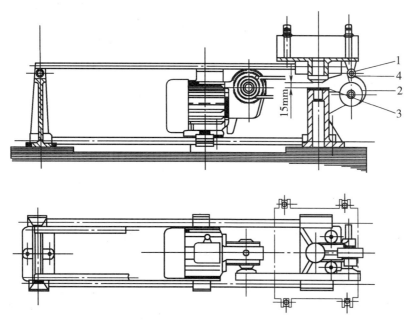

图 T0506-1　典型振实台
1-突头;2-凸轮;3-止动器;4-随动器

将仪器用地脚螺丝固定在基座上,安装后设备成水平状态,仪器底座与基座之间要铺一层砂浆以确保它们完全接触。

(3)代用振动台

使用该设备最终得到的 28d 抗压强度与按 ISO 679 规定方法得到的强度之差在 5% 内为合格。使用代用振动台,其频率为 2800 次/min ~ 3000 次/min,振动台为全波振幅 0.75mm ± 0.02mm。代用胶砂振动台(图 T0506-2)应符合 JC/T 723—1996 的规定和 GB/T 17671—1999 中第 11 章的要求。

(4)试模及下料漏斗

①试模为可装卸的三联模,由隔板、端板、底座等部分组成,制造质量应符合 JC/T 726—1997《水泥胶砂试模》的规定。可同时成型三条截面为 40mm × 40mm × 160mm 的棱形试件。

②下料漏斗(图 T0506-3)由漏斗和模套两部分组成。漏斗用厚为 0.5mm 的白铁皮制作,下料口宽度一般为 4mm ~ 5mm。模套高度为 20mm,用金属材料制作。套模壁与模型内壁应重叠,超出内壁不应大于 1mm。

(5)抗折试验机和抗折夹具

抗折试验机应符合 JC/T 724—1982(1996)中的要求,一般采用双杠杆式,也可采用性能符合要求的其它试验机。加荷与支撑圆柱必须用硬质钢材制造。通过三根圆柱轴的三个竖向平面应该平行,并在试验时继续保持平行和等距离垂直试件的方向,其中一根支撑圆柱能轻微地倾斜使圆柱与试件完全接触,以便荷载沿试件宽度方向均匀分布,同时不产生任何扭转应力,如图 T0506-4。

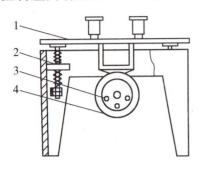

图 T0506-2 代用胶砂振动台
1-台面;2-弹簧;3-偏重轮;4-电动机

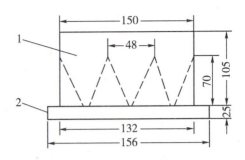

图 T0506-3 下料漏斗(尺寸单位:mm)
1-漏斗;2-模套

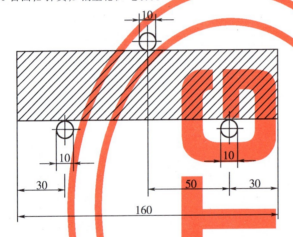
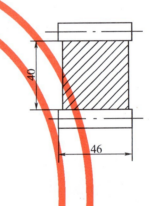

图 T0506-4 抗折强度测定加荷图(尺寸单位:mm)

抗折夹具应符合 JC/T 724—1996 中的要求。

抗折强度也可用抗压强度试验机(见本方法 2.6)来测定,此时应使用符合上述规定的夹具。

(6)抗压试验机和抗压夹具

①抗压试验机的吨位以 200kN~300kN 为宜。抗压试验机,在较大的 4/5 量程范围内使用时,记录的荷载应有 ±1.0% 的精度,并具有按 2400N/s±200N/s 速率的加荷能力,应具有一个能指示试件破坏时荷载的指示器。

压力机的活塞竖向轴应与压力机的竖向轴重合,而且活塞作用的合力要通过试件中心。压力机的下压板表面应与该机的轴线垂直并在加荷过程中一直保持不变。

②当试验机没有球座,或球座已不灵活或直径大于 120mm 时,应采用抗压夹具,由硬质钢材制成,受压面积为 40mm×40mm,并应符合 JC/T 683—1997 的规定。

注:1.试验机的最大荷载以 200kN~300kN 为佳,可以有两个以上的荷载范围,其中最低荷载范围的最大值大致为最高范围里的最大值的 1/5。
2.采用具有加荷速度自动调节方法和具有结果记录装置的压力机是合适的。
3.可以润滑球座以便与试件接触更好,但应确保在加荷期间不致因此而发生压板的位移。在高压下有效的润滑剂不宜使用,以避免压板的移动。
4."竖向"、"上"、"下"等术语是对传统的试验机而言。

(7)天平:感量为1g。

3 材料

3.1 水泥试样从取样到试验要保持24h以上时,应将其储存在基本装满和气密的容器中,这个容器不能和水泥反应。

3.2 ISO标准砂。各国生产的ISO标准砂都可以用来按本方法测定水泥强度。中国ISO标准砂符合ISO 679中5.1.3要求,其质量控制按GB/T 17671—1999的11章进行。

3.3 试验用水为饮用水。仲裁试验时用蒸馏水。

4 温度与相对湿度

4.1 试件成型实验室应保持实验室温度为20℃±2℃(包括强度实验室),相对湿度大于50%。水泥试样、ISO砂、拌合水及试模等的温度应与室温相同。

4.2 养护箱或雾室温度20℃±1℃,相对湿度大于90%,养护水的温度20℃±1℃。

4.3 试件成型实验室的空气温度和相对湿度在工作期间每天应至少记录一次。养护箱或雾室温度和相对湿度至少每4h记录一次。

5 试件成型

5.1 成型前将试模擦净,四周的模板与底座的接触面上应涂黄油,紧密装配,防止漏浆,内壁均匀地刷一薄层机油。

5.2 水泥与ISO砂的质量比为1:3,水灰比0.5。

5.3 每成型三条试件需称量的材料及用量为:水泥450g±2g;ISO砂1350g±5g;水225mL±1mL。

5.4 将水加入锅中,再加入水泥,把锅放在固定架上并上升至固定位置。然后立即开动机器,低速搅拌30s后,在第二个30s开始的同时均匀将砂子加入。当砂是分级装时,应从最粗粒级开始,依次加入,再高速搅拌30s。

停拌90s。在停拌中的第一个15s内用胶皮刮具将叶片和锅壁上的胶砂刮入锅中。在高速下继续搅拌60s。各个阶段时间误差应在±1s内。

5.5 用振实台成型时,将空试模和模套固定在振实台上,用适当的勺子直接从搅拌锅中将胶砂分为两层装入试模。装第一层时,每个槽里约放300g砂浆,用大播料器垂直架在模套顶部,沿每个模槽来回一次将料层播平,接着振实60次。再装入第二层胶砂,用小播料器播平,再振实60次。移走摸套,从振实台上取下试模,并用刮尺以90°的角度架在试模顶的一端,沿试模长度方向以横向锯割动作慢慢向另一端移动,一次将超出试模的胶砂刮去。并用同一直尺在近乎水平的情况下将试件表面抹平。

5.6 当用代用振动台成型时,在搅拌胶砂的同时将试模及下料漏斗卡紧在振动台台面中心。将搅拌好的全部胶砂均匀地装于下料漏斗中,开动振动台120s±5s停车。振动完毕,取下试模,用刮平尺按5.5方法刮去多余胶砂并抹平试件。

5.7 在试模上作标记或加字条标明试件的编号和试件相对于振实台的位置。两个龄期以上的试件,编号时应将同一试模中的三条试件分在两个以上的龄期内。

5.8 试验前或更换水泥品种时,须将搅拌锅、叶片和下料漏斗等抹擦干净。

6 养护

6.1 编号后,将试模放入养护箱养护,养护箱内箅板必须水平。水平放置时刮平面应朝上。对于24h龄期的,应在破型试验前20min内脱模。对于24h以上龄期的,应在成型后20h~24h内脱模。脱模时要非常小心,应防止试件损伤。硬化较慢的水泥允许延期脱模,但须记录脱模时间。

6.2 试件脱模后即放入水槽中养护,试件之间间隙和试件上表面的水深不得小于5mm。每个养护池中只能养护同类水泥试件,并应随时加水,保持恒定水位,不允许养护期间全部换水。

6.3 除24h龄期或延迟48h脱模的试件外,任何到龄期的试件应在试验(破型)前15min从水中取出。抹去试件表面沉淀物,并用湿布覆盖。

7 强度试验

7.1 各龄期(试件龄期从水泥加水搅拌开始算起)的试件应在下列时间内进行强度试验:

  龄期   试验时间
  ——24h   24h±15min;
  ——48h   48h±30min;
  ——72h   72h±45min;
  ——7d   7d±2h;
  ——28d   28d±8h。

7.2 抗折强度试验

7.2.1 以中心加荷法测定抗折强度。

7.2.2 采用杠杆式抗折试验机试验时,试件放入前,应使杠杆成水平状态,将试件成型侧面朝上放入抗折试验机内。试件放入后调整夹具,使杠杆在试件折断时尽可能地接近水平位置。

7.2.3 抗折试验加荷速度为 50 N/s ± 10N/s,直至折断,并保持两个半截棱柱试件处于潮湿状态直至抗压试验。

7.2.4 抗折强度按式(T0506-1)计算:

$$R_\mathrm{f} = \frac{1.5 F_\mathrm{f} \cdot L}{b^3} \qquad (\text{T0506-1})$$

式中:R_f——抗折强度(MPa);
F_f——破坏荷载(N);
L——支撑圆柱中心距(mm);
b——试件断面正方形的边长,为 40mm。
抗折强度计算值精确到 0.1MPa。

7.2.5 抗折强度结果取三个试件平均值,精确至 0.1 MPa。当三个强度值中有超过平均值 ±10% 的,应剔除后再平均,以平均值作为抗折强度试验结果。

7.3 抗压强度试验

7.3.1 抗折试验后的断块应立即进行抗压试验。抗压试验须用抗压夹具进行,试件受压面为试件成型时的两个侧面,面积为 40mm × 40mm。试验前应清除试件受压面与加压板间的砂粒或杂物。试件的底面靠紧夹具定位销,断块试件应对准抗压夹具中心,并使夹具对准压力机压板中心,半截棱柱体中心与压力机压板中心差应在 ±0.5mm 内,棱柱体露在压板外的部分约为 10mm。

7.3.2 压力机加荷速度应控制在 2400N/s ± 200N/s 速率范围内,在接近破坏时更应严格掌握。

7.3.3 抗压强度按式(T0506-2)计算:

$$R_c = \frac{F_c}{A} \qquad (T0506\text{-}2)$$

式中：R_c——抗压强度(MPa)；
　　　F_c——破坏荷载(N)；
　　　A——受压面积，$40mm \times 40mm = 1600mm^2$。
抗压强度计算值精确到 0.1MPa。

7.3.4 抗压强度结果为一组 6 个断块试件抗压强度的算术平均值，精确至 0.1 MPa。如果 6 个强度值中有一个值超过平均值 ±10% 的，应剔除后以剩下的 5 个值的算术平均值作为最后结果。如果 5 个值中再有超过平均值 ±10% 的，则此组试件无效。

8　试验报告

试验报告应包括以下内容：
(1) 要求检测的项目名称；
(2) 原材料的品种、规格和产地；
(3) 试验日期及时间；
(4) 仪器设备的名称、型号及编号；
(5) 环境温度和湿度；
(6) 执行标准；
(7) 不同龄期对应的水泥试样的抗折强度、抗压强度，报告中应包括所有单个强度结果(包括舍去的试验结果)和计算出的平均值；
(8) 要说明的其它内容。

条文说明

本方法参照 GB/T 17671—1999 修改。GB 177—1985 虽然没有作废，但不再被 GB 175—1999《硅酸盐水泥、普通硅酸盐水泥》、GB 1344—1999《矿渣硅酸盐水泥、火山灰质硅酸盐水泥及粉煤灰硅酸盐水泥》、GB 12958—1999《复合硅酸盐水泥》引用。虽然 GB/T 17671—1999 为推荐性标准，但因被上述强制性标准的引用而成为强制性标准。

对于火山灰水泥而言，在水灰比 0.5 和灰砂比 1:3 条件下，流动度可能有很大变化，所以 GB 1344—1999《矿渣硅酸盐水泥、火山灰质硅酸盐水泥及粉煤灰硅酸盐水泥》中规定："按 GB/T 17671—1999 进行。但火山灰水泥进行胶砂强度检验的用水量按 0.50 水灰比和胶砂流动度不小于 180mm 来确定。当流动度小于 180mm 时，须以 0.01 的倍数递增的方法将水灰比调整到胶砂流动度不小于 180mm。"

为区别 ISO 方法与硬练法、GB 177—1985 方法，特列出表 T0506-1，其主要区别在于检验方法中的胶砂组成，即水灰比、灰砂比和砂。

表 T0506-1　不同强度试验方法的比较

内容		硬练法	GB 177—1985(软练法)	ISO
砂	砂源		福建平源	厦门
	粒径范围(mm)	单级 0.5~0.85	单级 0.25~0.65 混合	级配砂：0.08~0.5(1/3)，0.5~1.0(1/3)，1.0~2.0(1/3)
胶砂性质	水灰比	0.3~0.4	0.44~0.46	0.50
	灰砂比	1:3	1:2.5	1:3
试件形状	抗折	8字形	4cm×4cm×16cm	4cm×4cm×16cm
	抗压	7.07cm×7.07cm	4cm×6.25cm	4cm×4cm
搅拌	转速(r/min)		搅拌锅:65±3　搅拌叶:137±6	搅拌叶:140±10(自转)　285±10(自转)　62±5(公转)　125±10(公转)
	工作程序加料顺序		加水和水泥，干拌，搅拌中加水，搅拌180s	加水，加水泥，低速30s，再低速30s的同时加入砂，高速30s，停90s，高速60s
温湿条件			实验室:21℃±4℃ R.H.>50%；养护箱:20℃±3℃ R.H.>90%	实验室:20℃±2℃ R.H.≥50%；养护箱:20℃±1℃ R.H.≥90%
	养护水		20℃±2℃	20℃±1℃;饱和 Ca(OH)$_2$
破型试验	压力机	/	精度±2%,速度5000N/s±500N/s	精度±1%,速度2400N/s±200N/s
	取件时间	/		破型前15min取出
强度计算	抗压强度	/	剔除最大、最小试验结果，以剩下4个结果平均	6个测定值的算术平均值为试验结果。如有超出平均值精度±10%者剔除，再以剩余5个结果平均。再有超出，该组无效

GB 177—1985 方法和 ISO 法相比较，GB 177 存在以下缺点：

1.水泥强度试验中水泥成分过多，强度值对水泥浆与砂子胶结性能的反应不够敏感。这样低密度、低活性的水泥在结果上可以得到更多的好处。

2.胶砂的用水量偏低，这样有利于那些需水量较大的水泥，造成事实的不公平。

3.和国际上通行标准不统一，不利于贸易和交流。

而 ISO 方法检验出的水泥强度更接近水泥在水泥混凝土中的实际作用。

根据中国建筑材料科学研究院的研究表明，我国水泥的旧版 GB 强度等级大体上比 ISO 等级低一个等级。如 GB 425 对应 ISO 32.5，GB 525 大致对应 ISO 42.5。新版 GB 175 已于 1999 年 12 月 1 日实施，规定水泥强度采用 GB/T 17671—1999《水泥胶砂强度检验方法(ISO 法)》测试，同时 GB 175—1999

规定普通硅酸盐水泥的强度等级见表 T0506-2。

表 T0506-2　水泥强度等级

水泥品种	强 度 等 级						
硅酸盐水泥	/	/	42.5	42.5R	52.5	52.5R	62.5	62.5R
普通硅酸盐水泥、矿渣硅酸盐水泥、火山灰硅酸盐水泥、粉煤灰硅酸盐水泥、复合硅酸盐水泥	32.5	32.5R	42.5	42.5R	52.5	52.5R	/	/

为方便查询，表 T0506-3 中列出 GB 中各龄期水泥强度。

表 T0506-3　水 泥 强 度

品　种	强度等级	抗压强度(MPa)		抗折强度(MPa)	
		3d	28d	3d	28d
硅酸盐水泥	42.5	17.0	42.5	3.5	6.5
	42.5R	22.0	42.5	4.0	6.5
	52.5	23.0	52.5	4.0	7.0
	52.5R	27.0	52.5	5.0	7.0
	62.5	28.0	62.5	5.0	8.0
	62.5R	32.0	62.5	5.5	8.0
普通硅酸盐水泥	32.5	11.0	32.5	2.5	5.5
	32.5R	16.0	32.5	3.5	5.5
	42.5	16.0	42.5	3.5	6.5
	42.5R	21.0	42.5	4.0	6.5
	52.5	22.0	52.5	4.0	6.5
	52.5R	26.0	52.5	5.0	7.0
矿渣硅酸盐水泥 火山灰硅酸盐水泥 粉煤灰硅酸盐水泥	32.5	10.0	32.5	2.5	5.5
	32.5R	15.0	32.5	3.5	5.5
	42.5	15.0	42.5	3.5	6.5
	42.5R	19.0	42.5	4.0	6.5
	52.5	21.0	52.5	4.0	7.0
	52.5R	23.0	52.5	4.5	7.0
复合硅酸盐水泥	32.5	11.0	32.5	2.5	5.5
	32.5R	16.0	32.5	3.5	5.5
	42.5	16.0	42.5	3.5	6.5
	42.5R	21.0	42.5	4.0	6.5
	52.5	22.0	52.5	4.0	7.0
	52.5R	26.0	52.5	5.0	7.0

T 0507—2005 水泥胶砂流动度测定方法

(Test Method for Fluidity of Cement Mortar)

1 目的、适用范围和引用标准

本方法规定水泥胶砂流动度测定方法的仪器和操作步骤。

本方法适用于火山灰硅酸盐水泥、复合硅酸盐水泥和掺有火山灰的普通硅酸盐水泥、矿渣硅酸盐水泥及指定采用本方法的其它品种水泥的胶砂流动度测定。

引用标准：

GB/T 17671—1999 《水泥胶砂强度检验方法（ISO 法）》

JC/T 681—1997 《行星式水泥胶砂搅拌机》

2 仪器设备

(1)胶砂搅拌机：应符合 JC/T 681—1997 的有关规定。

(2)水泥胶砂流动度测定仪（简称跳桌）：技术要求及其安装方法应符合 T 0507 附录的规定。

(3)试模：用金属材料制成，由截锥圆模和模套组成。

截锥圆模内壁须光滑，尺寸为：高度 60 mm ± 0.5mm；上口内径 70 mm ± 0.5mm；下口内径 100 mm ± 0.5mm；下口外径 120mm，模壁厚度大于 5mm。模套与截锥圆模配合使用。

(4)捣棒：用金属材料制成，直径为 20 mm ± 0.5mm，长度约 200mm，捣棒底面与侧面成直角，其下部光滑，上部手柄滚花。

(5)卡尺：量程不小于 300mm，分度值不大于 0.5mm。

(6)小刀：刀口平直，长度大于 80mm。

(7)秒表：分度值为 1s。

3 试样制备

3.1 材料准备

胶砂材料用量按相应标准要求或试验设计确定。水泥试样，标准砂和试验用水及试验条件应符合 GB/T 17671—1999 中第四条的有关规定。

3.2 胶砂制备

按 GB/T 17671—1999 中有关规定进行。

4 试验步骤

4.1 如跳桌在 24h 内未被使用，先空跳一个周期 25 次。

4.2 在制备胶砂的同时,用潮湿棉布擦拭跳桌台面、试模内壁、捣棒以及与胶砂接触的用具,将试模放在跳桌台面中央并用潮湿棉布覆盖。

4.3 将拌好的胶砂分两层迅速装入流动试模,第一层装至截锥圆模高度约 2/3 处,用小刀在相互垂直的两个方向上各划 5 次,用捣棒由边缘至中心均匀捣压 15 次,之后装第二层胶砂,装至高出截锥圆模约 20mm,用小刀在相互垂直的两个方向上各划 5 次,再用捣棒由边缘至中心均匀捣压 10 次。捣压后应使胶砂略高于截锥圆模。捣压深度,第一层捣至胶砂高度的 1/2,第二层捣实不超过已捣实底层表面。捣压顺序见图 T0507-1、图 T0507-2。装胶砂和捣压时,用手扶稳试模,不要使其移动。

图 T0507-1　第一层捣压顺序　　　图 T0507-2　第二层捣压顺序

4.4 捣压完毕,取下模套,用小刀由中间向边缘分两次以近水平的角度将高出截锥圆模的胶砂刮去并抹平,擦去落在桌面上的胶砂。将截锥圆模垂直向上轻轻提起,立刻开动跳桌,每秒钟一次,在 25s±1s 内完成 25 次跳动。

4.5 跳动完毕,用卡尺测量胶砂底面最大扩散直径及与其垂直方向的直径,计算平均值,精确至 1mm,即为该水量下的水泥胶砂流动度。

流动度试验,从胶砂拌合开始到测量扩散直径结束,须在 6min 内完成。

4.6 电动跳桌与手动跳桌测定的试验结果发生争议时,以电动跳桌为准。

5　试验报告

试验报告应包括以下内容:
(1)要求检测的项目名称;
(2)原材料的品种、规格和产地;
(3)试样编号;
(4)试验日期及时间;
(5)仪器设备的名称、型号及编号;
(6)环境温度和湿度;
(7)执行标准;

(8)使用砂的类型;

(9)水泥胶砂流动度;

(10)要说明的其它内容。

T 0507 附录　跳桌及其安装

本附录规定了跳桌的技术要求和安装方法,适用于跳桌的结构设计和性能检定。

A.1　技术要求

A.1.1　跳桌(图 T0507A-1)主要由跳动部分和机架部分组成。

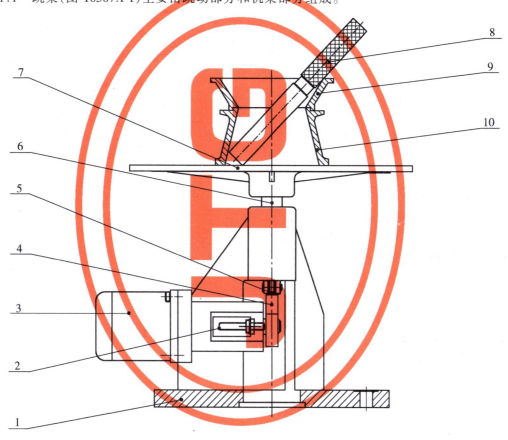

图 T0507A-1　跳桌

1-机架;2-接近开关;3-电机;4-凸轮;5-滑轮;6-推杆;7-圆盘桌面;8-捣棒;9-模套;10-截锥圆模

A.1.2　跳动部分是由圆盘桌面和推杆构成。总质量为 4.35kg±0.15kg,且以推杆为中心均匀分布。圆盘桌面直径 300mm±1mm,是由硬度不低于 200HB 的铸钢制成,边缘厚约 5mm。其上表面应光滑平整,并镀硬铬。表面粗糙度 R_a 在 $0.8\mu m \sim 1.6\mu m$ 之间。桌面中心有直径为 125mm 的刻圆,用以确定锥形试模的位置。从圆盘外缘指向中心有 8 条线,相隔 45°分布。桌面有 6 根幅射状筋,相隔 60°均匀分布。圆盘表面的平面度不超过 0.10mm。跳动部分下落瞬间,托轮不应与凸轮接触。跳桌落距为 10.0mm±0.2mm。推杆与机架孔的公差间隙为 0.05mm～0.10mm。

A.1.3　凸轮(图 T0507A-2)由钢制成,其外表面轮廓应符合等速螺旋线,表面硬度不低于洛氏 55HRC。当推杆和凸轮接触时不应察觉出有跳动,上升过程中保持圆盘桌面平稳,不抖动。

A.1.4　机架是由铸铁制成的坚固整体,有三根相隔 120°分布的增强筋延伸整个机架高度。机架孔周围环状精磨。机架孔的轴线应与圆盘上表面垂直。当圆盘下落和机架接触时，接触面应保持光滑，并与圆盘上表面成平行状态，同时在360°范围内完全接触。

A.1.5 转动轴与转速为 60r/min 的同步电机连接，其转动机构能保证跳桌在 (25±1)s 内完成 25 次跳动。

A.1.6 跳桌底座有 3 个直径为 12mm 的孔，以便与混凝土基座连接，三个孔均匀分布在直径为 200mm 的圆上。

A.2 安装和保养

A.2.1 跳桌宜通过膨胀螺栓安装在已硬化的水平混凝土基座上。基座由容重至少 2240kg/m³ 的混凝土浇筑而成，基部约为 400mm×400mm 见方，高约 690mm。

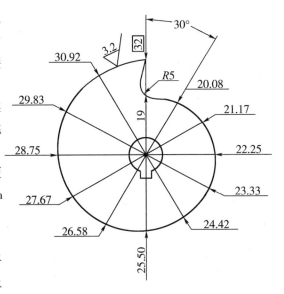

图 T0507A-2 凸轮示意图（尺寸单位：mm）

A.2.2 推杆应保持清洁，并稍涂润滑油。圆盘与机架接触面不应有油。凸轮表面上涂油可减少操作的摩擦。

A.3 检定

安装好的跳桌用流动度标准样（JBW 01-1-1）进行检定，测得的流动度值与标准样给定流动度相差在规定范围内，则跳桌的使用性能合格。

条文说明

本方法参照 GB/T 2419—2005《水泥胶砂流动度检验方法》修改。与旧版标准相比，主要修改部分为：采用技术参数与 EN 459-2—2001 相同的水泥胶砂流动度跳桌，但跳动次数为 25 次；水泥胶砂流动度检验用砂为 ISO 砂，胶砂组成按相应标准要求或试验设计确定。

T 0508—2005 水泥浆体流动度测定方法（倒锥法）

(Standard Test Method for Flow of Grout for Cement Mortar——Flow Cone Method)

1 目的、适用范围和引用标准

本方法规定公称最大粒径小于 2.36mm 的水泥浆体流动度测定方法的仪器和操作步骤。本方法适于流出时间小于 35s 的水泥浆体。

本方法适用于硅酸盐水泥、普通硅酸盐水泥、矿渣硅酸盐水泥、粉煤灰硅酸盐水泥、火山灰硅酸盐水泥、复合硅酸盐水泥、道路硅酸盐水泥浆体及指定采用本方法的其它浆体流动度的测定。

引用标准：

JC/T 681—1997 《行星式水泥胶砂搅拌机》

2 仪器设备

(1)倒锥:具体尺寸见图 T0508-1,材料可以是玻璃、不锈钢、铝或其它金属。

(2)容器:容积最小 2000mL。

(3)支架:用金属材料制成,用于支撑倒锥。

(4)水平尺。

(5)秒表:分度值为 0.2s。

(6)胶砂搅拌机。

3 仪器的标定

3.1 试验前确保倒锥稳定,并用水准仪检查是否垂直。往倒锥中加入水,调整指示器的位置确保容积为 1725mL ± 5mL。

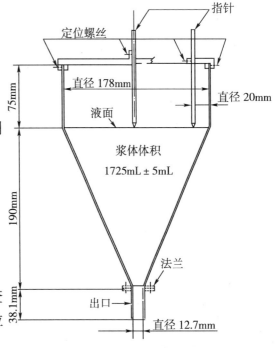

图 T0508-1 倒锥示意图

3.2 用手指堵住倒锥的出口,在手指松开的同时,按下秒表,在流出水流变得间断的同时再次按下秒表。如果在 20℃ ± 2℃ 的温度下,流出时间为 8.0s ± 0.2s,则倒锥可以使用。

4 试验步骤

4.1 室内温度应保持在 20℃ ± 2℃。

4.2 使用前 1min,用水润湿倒锥。用手指或其它塞子堵住出口。

4.3 徐徐将浆体加入倒锥中,在接近指针时要减慢速度,直到体积为 1725mL ± 5mL。

4.4 在松开手指或塞子的同时按下秒表,在流出浆体变得间断的同时再次按下秒表。此时间为浆体流出时间。最后观察出口,如果出口透亮的话,则说明倒锥方法可用;否则不可用。

4.5 同一种材料至少进行两次试验,且浆体不得重复使用。

4.6 试验应在搅拌结束 1min 内完成。

4.7 使用完成后应将倒锥清洗干净。

5 试验结果

试验结果以两次以上试验结果的平均值为准,平均值修约到最近的 0.2s 上。每次试验的结果应在平均值 ±1.8s 以内。

6 试验报告

试验报告应包括以下内容:
(1)要求检测的项目名称;
(2)原材料的品种、规格和产地;
(3)试验日期及时间;
(4)仪器设备的名称、型号及编号;
(5)环境温度和湿度;
(6)执行标准;
(7)材料配合比;
(8)水泥浆体流动度;
(9)要说明的其它内容。

条文说明

本方法参照 ASTM C 939—97 修改。本方法可适用于水泥混凝土路面脱空封堵时浆体流动性的评价,也可用于贯入式路面结构的水泥浆体的流动性评价。对于水泥混凝土路面脱空封堵时,一般浆体适用时间在 16s~25s。

同时也可用于后张法预应力构件孔道压浆。值得注意的是,JTJ 041—2000《公路桥涵施工技术规范》中也有类似于 ASTM C 939—97 中的仪器,但该仪器的部分尺寸在英制换算公制过程中进行了取整。为交流方便,本方法采用 ASTM C 939—97 中所示仪器尺寸。

T 0509—2005 水泥浆体流动度测定方法(筒球法)

Standard Test Method for Flow of Grout for Cement Mortar(Ball & Canister Method)

1 目的、适用范围和引用标准

本方法规定水泥浆体流动度测定方法的仪器和操作步骤。

本方法适用于硅酸盐水泥、普通硅酸盐水泥、矿渣硅酸盐水泥、粉煤灰硅酸盐水泥、火山灰硅酸盐水泥、复合硅酸盐水泥、道路硅酸盐水泥浆体及指定采用本方法的其它浆体流动度的测定。

引用标准:

JC/T 681—1997 《行星式水泥胶砂搅拌机》

2 仪器设备

(1)流动度筒:具体尺寸见图 T0509-1,材料可以为透明的有机玻璃。长方体透明塑料容器的内壁尺寸为 102.4mm×102.4mm×500mm,壁厚 8mm,容器内装直径为 25.6mm 的玻璃球 160 个,如图所示共 10 层,其空隙率为 44.4%。

图 T0509-1　砂浆筒球流动仪示意图(尺寸单位:mm)

(2)容器:容积最小 2000mL,分度值不大于 5mL。
(3)支架:用金属材料制成,用于支撑流动度筒。
(4)水平尺。
(5)秒表:分度值不大于 0.2s。
(6)胶砂搅拌机。

3 仪器的标定

试验前确保流动度筒稳定,并用水准仪检查是否垂直。

4 试验步骤

4.1 室内温度应保持在 20℃±2℃。

4.2 在使用前,将筒和球用水润湿。

4.3 快速将 2000mL±5mL 浆体加入筒中,同时按下秒表。

4.4 当灌入浆体中部出现明显分层时再次按下秒表,此时间为砂浆流动度。

4.5 同一种材料至少进行两次试验,浆体不得重复使用。

4.6 试验应在搅拌结束 1min 内完成。

4.7 使用完成后应将筒、球清洗干净。

5 试验结果

5.1 试验结果以两次以上试验结果的平均值为准,平均值修约到最近的 0.2s 上。每次试验的结果应在平均值 ±2s 以内。

5.2 压力灌浆时,浆体出现上、下层分离,即砂粒下沉,水泥浆上浮。为了区分浆体的保水性和均匀性,可采用上、下分层差值来表征,精确至 1mm。

6 试验报告

试验报告应包括以下内容:
(1)要求检测的项目名称、执行标准;
(2)原材料的品种、规格和产地;
(3)试验日期及时间;
(4)仪器设备的名称、型号及编号;
(5)环境温度和湿度;
(6)材料配合比;
(7)水泥浆体流动度;
(8)分层差值;
(9)要说明的其它内容。

条文说明

T 0507 是常规评价胶砂流动性的方法,而 T 0508、T 0509 是用于评价水泥浆体流动性的方法,更接近于公路部门的实际情况,利用 T 0508、T 0509 得到的浆体流动度,还应根据现场温度、风力等条件作适当修正。

振动灌浆砂浆的流动度以 16s～20s 为宜;压力灌浆时浆体的流动度以 18s～25s 为宜。

T 0510—2005 水泥胶砂耐磨性试验方法

(Standard Test Method for Abrasion Resistance of Mortar Surfaces by Rotating-Cutter Method)

1 目的、适用范围和引用标准

本方法规定水泥胶砂耐磨性试验的仪器设备、试验步骤。
本方法适用于硅酸盐水泥、普通硅酸盐水泥、矿渣硅酸盐水泥、粉煤灰硅酸盐水泥、道路硅酸盐水泥、复合硅酸盐水泥及指定采用本方法的其它品种水泥或建筑材料的耐磨性试验。

引用标准：

GB/T 17671—1999 《水泥胶砂强度检验方法（ISO 法）》

JC/T 681—1997 《行星式胶砂搅拌机》

2 仪器设备

（1）水泥胶砂耐磨试验机：水泥胶砂耐磨试验机性能应符合 T 0510 附录的要求。

（2）试模：

①水泥胶砂耐磨性试验用试模由侧板、端板、底座、紧固装置及定位销组成，如图 T0510-1 所示。各组件可以拆卸组装。试模模腔有效容积为 150mm×150mm×30mm。

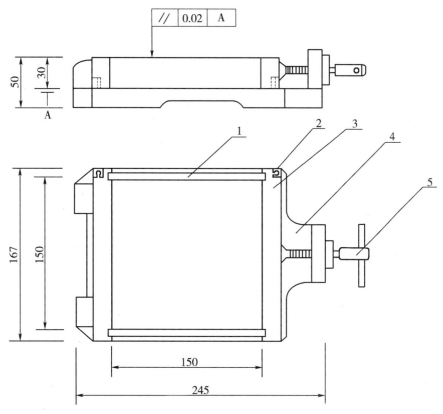

图 T0510-1 试模示意图（尺寸单位：mm）

1-侧板；2-端板；3-底座；4-紧固装置；5-定位销

②侧板与端板由 45 号钢制成，表面粗糙度 R_a 不大于 6.3μm，组装后模框上下面的平行度不大于 0.02mm，模框应有成组标记。

③底座用 HT20-40 灰口铸铁加工，底座上表面粗糙度 R_a 不大于 6.3μm，平面度不大于 0.03mm，底座非加工面经涂漆无流痕。

④侧板、端板与底座紧固后，最大翘起量应不大于 0.05mm，其模腔对角线长度误差不大于 0.1mm。

⑤紧固装置应灵活，放松螺旋时侧板应能方便地从端板中取出或装入。

⑥试模总质量:6 kg～6.5kg。

(3) 模套:结构与尺寸如图 T0510-2 所示。

(4) 干燥箱:温度不低于105℃且带有鼓风装置。

(5) 胶砂搅拌机:应符合 JC/T 681—1997《行星式胶砂搅拌机》的规定。

(6) 胶砂振动台:应符合 GB/T 17671—1999《水泥胶砂强度检验方法(ISO法)》中 11.7 条代用振动台的规定。

(7) 天平:量程不小于 2000g,感量不大于 2g。

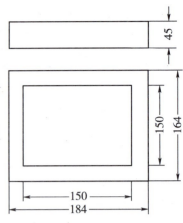

图 T0510-2　模套(尺寸单位:mm)

3　试样制备

3.1　水泥试样应充分拌匀,通过 0.9mm 方孔筛,在试验前一天送到实验室贮存。

3.2　试验用砂采用符合 GB/T 17671—1999《水泥胶砂强度检验方法(ISO 法)》规定的粒度范围在 0.5mm～1.0mm 的标准砂。

3.3　试验用水应是洁净的饮用水。

4　试件成型及养护

4.1　成型室及养护箱的温度、湿度要求:
成型室:20℃±2℃,相对湿度>50%;
养护箱:20℃±1℃,相对湿度>90%;
养护水:20℃±1℃。
试样、标准砂和试验用水以及试模的温度应与室温相同。

4.2　成型前将试模擦净,模板与底座的接触面应涂黄油,紧密装配,防止漏浆,内壁均匀刷上一薄层机油。

4.3　试件的灰砂比为 1:2.5,硅酸盐水泥、普通硅酸盐水泥、矿渣水泥的水灰比为0.44;火山灰水泥、粉煤灰水泥为 0.46。每一试样需成型 3 块试件,分别搅拌成型。每成型 1 块试件应称水泥 400g,标准砂 1000g。

4.4　将水加入锅中,再加入水泥,把锅放在固定架上。然后立即开动机器,低速搅拌 30s 后,在第二个 30s 开始的同时均匀将砂子加入。当各级砂是分装时,应从最粗粒级开始依次加入。

停拌 90s,在停拌中的第一个 15s 内用胶皮刮具将叶片和锅壁上的胶砂刮入锅中。在高速下继续搅拌 60s。在各个阶段时间误差应在 ±1s 内。

4.5 在胶砂搅拌的同时,将试模及模套卡紧在振动台台面中心位置,并将拌合好的全部胶砂均匀地装入试模内,开动振动台,约10s时,开始用小刀插划胶砂,横划14次,竖划14次,另外在试件四角分别用小刀插10次,整个插捣工作在90s内完成。插划胶砂方法如图T0510-3所示。振动120s±5s后自动停机。

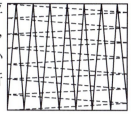

图 T0510-3 胶砂插划方法

4.6 振毕,取下试模,去掉模套,刮平、编号。放入养护箱中养护至24h±0.25h(从加水开始算起),取出脱模。脱模时应防止试件损伤,硬化较慢的水泥允许延长脱模时间,但需记录脱模时间。

4.7 脱模后,立即将试件放入20℃±1℃水中养护,试件间应留有间隙,水面至少高出试件20mm,养护水应每两周更换一次,试件在水槽中养护到27d龄期取出,立即擦干立放,在空气中自然干燥24h,在60℃±5℃的烘箱中烘干4h,然后冷却至室温。

注:对于道路硅酸盐水泥,耐磨指标是一个极为重要的指标。经过试验验证将试件在60℃±5℃的烘箱中烘干延长至24h,试验结果的重复性更好。

5 试验步骤

5.1 取经干燥处理后的试件,将刮平面朝下,放至耐磨试验机的水平转盘上,做好定位标记,并用夹具轻轻固紧。接着在300N负荷下预磨30转,取下试件扫净粉粒称量,该质量作为试件的原始质量 m_1;然后再将试件放回到水平转盘的原来位置上放平、固紧(注意不要在试件与转盘之间残留颗粒以免影响试件与磨头的接触),再磨40转,取下试件扫净粉粒称质量 m_2。整个磨损过程应将吸尘器对准试件磨损面,使磨下的粉尘及时从磨损面上被吸走。

注:预磨是为了改善试件与磨头的接触情况和去掉表层净浆,所以预磨转数可以视试件的强度及表面的平整度而改变。

5.2 花轮磨头与水平转盘作相反方向转动,磨头沿着试件表面环形轨迹磨削,使试件表面产生一个内径约为30mm,外径约为130mm的环形磨损面。

5.3 花轮片磨损质量损失0.5g时,应将同一组的花轮片内外调换位置,再磨损0.5g时,应予淘汰。

6 试验结果计算

6.1 每一试件单位面积的磨损量按式(T0510-1)计算,精确至0.001kg/m²,计算式为:

$$G = \frac{m_1 - m_2}{0.0125} \qquad (\text{T0510-1})$$

式中:G——单位面积的磨损量(kg/m²);

m_1——试件的原始质量(kg);

m_2——试件磨损后的质量(kg);

0.0125——磨损面积(m^2)。

6.2 取三块试件结果的平均值作为试件的磨损量。其中磨损量超过平均值15%的应予以剔除，剔除一块时，取余下两块试件结果的平均值，剔除两块时，应重新做试验。

7 试验报告

试验报告应包括以下内容：
(1)要求检测的项目名称；
(2)原材料的品种、规格和产地；
(3)试验日期及时间；
(4)仪器设备的名称、型号及编号；
(5)环境温度和湿度；
(6)执行标准；
(7)水泥胶砂的磨损量；
(8)要说明的其它内容。

T 0510 附录 水泥胶砂耐磨性试验机

A.1 结构

水泥胶砂耐磨性试验机由直立主轴、水平转盘、传动机构和控制系统组成。主轴和转盘不在同一轴线上，主轴和转盘同时按相反方向转动，主轴下端配有磨头连结装置，可以装卸磨头。

A.2 技术要求

A.2.1 主轴与水平转盘垂直度，测量长度80mm时偏离度不大于0.04mm。

A.2.2 水平转盘转速17.5r/min±0.5r/min，主轴与转盘转速比为35:1。

A.2.3 主轴与转盘的中心距为40mm±0.2mm。

A.2.4 负荷分为200N、300N、400N三档，误差不大于±1%。

A.2.5 主轴升降行程不小于80mm，磨头最低点距水平转盘工作面不大于25mm。

A.2.6 水平转盘上配有能夹紧试件的卡具，卡头单向行程为150^{+4}_{-1}mm。卡夹宽度不小于50mm。夹紧试件后应保证试件不上浮或翘起。

A.2.7 花轮磨头(如图T0510A-1)由三组花轮组成，按星形排列成等分三角形，花轮与轴心最小距离为16mm，最大距离为25mm。每组花轮由两片花轮片装配而成，其间隔为2.6 mm～2.8mm。花轮片直径为$\phi 25^{+0.02}_{0}$mm，厚度为$3^{+0.02}_{0}$mm，边缘上均匀分布12个矩形齿，齿宽为3.3mm，齿高为3mm，由不小于HRC 60硬质钢制成。

A.2.8 机器上装有必要的电器控制器，具有0~999转盘数字自动控制显示装置，其转数误差小于1/4转，并装有电源电压监测表及自动停车报警装置，电器绝缘性能良好，噪声小于90dB。

A.2.9 吸尘器装置：随时将磨下的粉尘吸走。

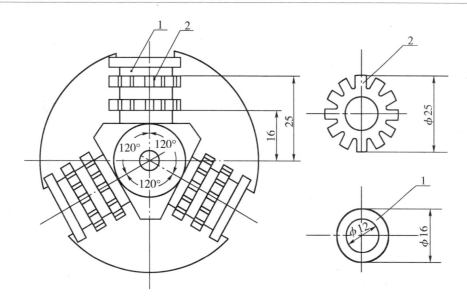

图 T0510A-1 花轮磨头示意图（尺寸单位：mm）
1-垫片；2-刀片

条文说明

本方法参照 JC/T 421—2004《水泥胶砂耐磨性试验方法》修改。与旧版标准相比，主要修改部分为：胶砂搅拌机采用 JC/T 681—1997《行星式胶砂搅拌机》；胶砂振动台采用 GB/T 17671—1999《水泥胶砂强度检验方法（ISO 法）》中代用振动台；试验用砂用符合 GB/T 17671—1999《水泥胶砂强度检验方法（ISO 法）》规定的粒度范围在 0.5mm~1.0mm 的标准砂；预磨负荷改为 300N。

T 0511—2005 水泥胶砂干缩试验方法

(STANDARD TEST METHOD FOR DRYING SHRINKAGE OF CEMENT MORTAR)

1 目的、适用范围和引用标准

本方法规定水泥胶砂干缩试验的胶砂组成、仪器设备及试验步骤。

本方法适用于硅酸盐水泥、普通硅酸盐水泥、矿渣硅酸盐水泥、粉煤灰硅酸盐水泥、复合硅酸盐水泥、道路硅酸盐水泥及指定采用本方法的其它品种水泥。

引用标准
GB/T 17671—1999　《水泥胶砂强度检验方法（ISO 法）》
JC/T 681—1997　《行星式胶砂搅拌机》
T 0507—2005　《水泥胶砂流动度测定方法》

2 方法原理

本方法是采用上端装有球形钉头的 25mm×25mm×280mm、灰砂比为 1:2 的胶砂试件，在一定温度、一定湿度的空气中养护后，用比长仪测量不同龄期试件的长度变化来确定水泥胶砂的干缩性能。

3 仪器设备

(1)胶砂搅拌机符合 JC/T 681—1997 的规定。

(2)流动度试验用跳桌、截锥圆模、模套、圆柱捣棒、游标卡尺符合 T 0507—2005《水泥胶砂流动度测定方法》的规定。

(3)试模

试模为三联模,由互相垂直的隔板、端板、底座以及定位用螺丝组成,结构如图 T0511-1 所示。各组件可以拆卸,组装后每联内壁尺寸为 25mm×25mm×280mm。端板有 3 个安置测量钉头的小孔,其位置应保证成型后试件的测量钉头在试件的轴线上。

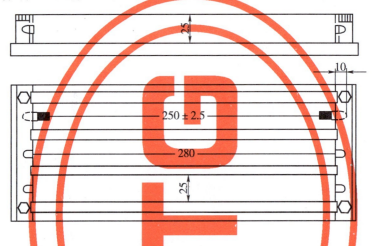

图 T0511-1 三联试模(尺寸单位:mm)

(4)测量钉头用不锈钢或铜制成,规格如图 T0511-2 所示。成型试件时测量钉头伸入试模端板的深度为 10mm±1mm。

(5)隔板和端板用钢制成,表面粗糙度 R_a 不大于 6.3μm。

(6)底座用 HT20-40 灰口铸铁加工,底座上表面粗糙度 R_a 不大于 6.3μm,底座非加工面经涂漆无流痕。

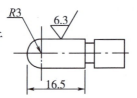

图 T0511-2 钉头
(尺寸单位:mm)

(7)捣棒

捣棒包括方捣棒和缺口捣棒两种,均为金属材料。方捣棒受压面积为 23mm×23mm。缺口捣棒用于捣固测量头两侧的胶砂,规格如图 T0511-3 所示。

(8)刮板

用不易锈蚀和不被水泥浆腐蚀的金属材料制成,规格见图 T0511-4。

(9)水泥胶砂干缩养护湿度控制箱

用不易被药品腐蚀的塑料制成,其最小单元能养护 6 条试件并自成密封系统,最小单元的结构如图 T0511-5 所示。有效容积为 340mm×220mm×200mm,有 5 根放置试件的箅条,分为上、下两部分,箅条宽 10mm,高 15mm,相互间隔 45mm,箅条上部放置试件的空间高为 65mm,箅条下部用于放置控制单元湿度用的药品盘,药品盘由塑料制成,大小应能从单元下部自由进出,容积约 2.5L。

(10)测长设备

①比长仪

由百分表、支架及校正杆组成,百分表分度值为 0.01mm,最大基长不小于 300mm,量程为 10mm,校正杆中部与手接触部分应套上绝热层。

②允许用其它形式的测长仪,但精度必须符合上述要求,在仲裁检验时,应以比长仪为准。

4 试验材料

4.1 试验用砂采用符合 GB/T 17671—1999《水泥胶砂强度检验方法(ISO 法)》规定的粒度范围在 0.5mm~1.0mm 的标准砂。试验用水应是洁净的饮用水。

4.2 试件成型室温度为 20℃±2℃,相对湿度大于 50%。

4.3 水泥试样、拌合水、标准砂、仪器和用具的温度应与实验室一致。

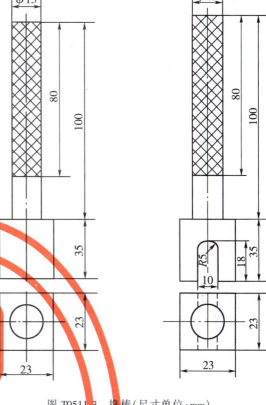

图 T0511-3 捣棒(尺寸单位:mm)

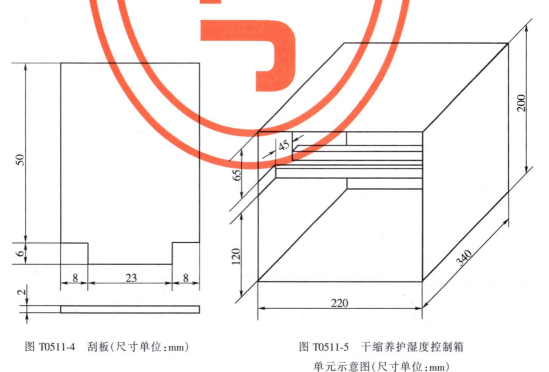

图 T0511-4 刮板(尺寸单位:mm)

图 T0511-5 干缩养护湿度控制箱单元示意图(尺寸单位:mm)

4.4 带模养护的养护箱或雾室温度保持在20℃±1℃,相对湿度大于90%。

4.5 养护池水温度应在20℃±1℃范围内。

4.6 试件干缩养护箱温度20℃±3℃,相对湿度50%±4%。

5 胶砂组成

5.1 灰砂比

胶砂中水泥与标准砂比例为1:2。水泥胶砂的干缩性测定应成型3条试件,成型时应称取水泥试样500g,标准砂1000g。

5.2 胶砂用水量

胶砂的用水量,按制成胶砂流动度达到130mm～140mm来确定。胶砂流动度的测定按T 0507—2005《水泥胶砂流动度测定方法》进行,但灰砂比应按本方法5.1要求。

6 试件成型

6.1 试模的准备

成型前将试模擦净,四周的模板与底座的接触面上应涂黄油,紧密装配,防止漏浆,内壁均匀刷一薄层机油。然后将钉头擦净,在钉头的圆头端沾上少许黄油,将钉头嵌入试模孔中,并在孔内左右转动,使钉头与孔准确配合。

6.2 胶砂的制备

胶砂制备按GB/T 17671—1999中6.3条规定进行。

6.3 试件的成型

将已制备好的胶砂,分两层装入两端已装有钉头的试模内。第一层胶砂装入试模后,先用小刀来回划实,尤其是钉头两侧,必要时可多划几次,再用刮砂板刮去多于试模高度3/4的胶砂,然后用23mm×23mm方捣棒从钉头内侧开始,从一端向另一端顺序捣10次,返回捣10次,共捣压20次,再用缺口捣棒在钉头两侧各捣压2次,然后将余下胶砂装入模内,同样用小刀划匀,刀划之深度应透过第一层胶砂表面,再用23mm×23mm捣棒从一端开始顺序捣压12次,往返捣压24次(每次捣压时,先将捣棒接触胶砂表面再用力捣压。捣压应均匀稳定,不得冲压)。捣压完毕,用小刀将试模边缘的胶砂拨回试模内,用三棱刮刀刮平,然后编号,最后将试件带模放入养护箱或雾室内养护。

7 试件养护、存放和测量

7.1 试件自加水时算起,养护24h±2h后脱模。然后将试件放入温度20℃±1℃的水中养护。如脱模有困难时,可延长脱模时间。所延长的时间应在试验报告中注明,并从水养时间中扣除。

7.2 试件在水中养护2d后,由水中取出,用湿布擦去表面水分和钉头上的污垢,用比长仪测定初始长度。比长仪使用前应用校正杆进行校准,确认其零点无误才能用于试件测量(零点是一个基准数,不一定是零)。测完初始长度后应用校正杆重新检查零点,如零点变动超过±1格,则整批试件应重新测定。然后将试件移入干缩养护湿度控制箱的算条上养护。试件之间应留有间隙。同一批出水试件可以放在一个养护单元里,最多可以放置两组同时出水的试件,药品盘上按每组0.5kg放置控制相对湿度的药品。药品一般可使用硫氰酸钾固体,也可使用其它能控制规定相对湿度的盐,但不能用对人体与环境有害的物质。关紧单元门闩使其密闭与外部隔绝。箱体周围环境温度控制在20℃±3℃,此时药品应能使单元内相对湿度为50%±4%。

干缩试件也可放在能满足规定相对湿度和温度的条件下养护,但应在试验报告中作特别说明,在结论有矛盾时以干缩养护湿度控制箱养护的结果为准。

7.3 从试件放入箱中时算起,在放置4d、11d、18d、25d时,(即从成型时算起为7d、14d、21d、28d时),分别取出测量长度。

注:测量龄期可以根据不同品种水泥干缩率随龄期变化的曲线图作必要的增减或变动。

7.4 试件长度测量应在17℃~25℃的实验室里进行,比长仪应在实验室温度下恒温后才能使用。

7.5 每次测量时试件在比长仪中的上、下位置都应相同。读数时应左右旋转试件,使试件钉头和比长仪正确接触,指针摆动不得大于0.02mm。读数应记录至0.001mm。

测量结束后,应用校正杆校准零点,当零点变动超过0.01mm,整批试件应重新测量。

8 试验结果

8.1 水泥胶砂试件各龄期干缩率 S_t(%)按式(T0511-1)计算,计算精确至0.001%。

$$S_t = \frac{L_0 - L_r}{250} \times 100 \qquad (T0511\text{-}1)$$

式中:L_0——初始测量读数(mm);
　　　L_r——某龄期的测量读数(mm);
　　　250——试件有效长度(mm)。

8.2 结果处理

以三条试件的干缩率的平均值作为试件的干缩结果,计算精确至0.001%,如有一条干缩率超过中间值15%时取中间值作为试样的干缩结果;当有两条试件超过中间值15%

时应重新做试验。

9 试验报告

试验报告应包括以下内容：
(1)要求检测的项目名称；
(2)原材料的品种、规格和产地；
(3)试验日期及时间；
(4)仪器设备的名称、型号及编号；
(5)环境温度和湿度；
(6)原材料的品种、规格、产地；
(7)执行标准；
(8)指定龄期的水泥胶砂试件干缩率；
(9)要说明的其它内容。

条文说明

本方法参照 JC/T 603—2004《水泥胶砂干缩试验方法》修订，相对于旧标准在以下几个方面做出修改：(1)胶砂搅拌机采用 JC/T 681—1997《行星式胶砂搅拌机》；(2)试验用砂采用符合 GB/T 17671—1999《水泥胶砂强度检验方法(ISO 法)》规定的粒度范围在 0.5mm~1.0mm 的标准砂。

养护相对湿度采用 50%，是由于水泥在相对湿度 50% 时收缩明显，这一点与水泥混凝土收缩时采用的 60% 相对湿度有所不同，在使用中应予注意。

T 0512—2005 水泥胶砂强度快速试验方法(1.5h 促凝压蒸法)
(1.5-hour Accelerated Strength Test by Accelerating-Autoclaving Method for Cement Mortar)

1 目的、适用范围和引用标准

本方法规定了促凝压蒸 1.5h 的水泥胶砂快硬强度的仪器设备及试验步骤。在事先已有满足精度要求的强度推定经验式的条件下，可通过本方法快速推定水泥胶砂 28d 龄期(抗压、抗折)强度。

本方法适用于硅酸盐水泥、普通硅酸盐水泥、矿渣硅酸盐水泥、粉煤灰硅酸盐水泥、复合硅酸盐水泥、道路硅酸盐水泥以及石灰石硅酸盐水泥的抗折与抗压强度检验。

本方法不能用于评定水泥强度等级。

引用标准：

GB/T 6003.3—1997　《试验筛》
GB/T 17671—1999　《水泥胶砂强度检验方法(ISO 法)》
JC/T 681—1997　　《行星式水泥胶砂搅拌机》

JC/T 682—1997	《水泥胶砂试件成型振实台》
JC/T 683—1997	《40mm×40mm 水泥抗压夹具》
JC/T 723—1996	《水泥物理检验仪器 胶砂振动台》
JC/T 724—1996	《水泥物理检验仪器 电动抗折试验机》
JC/T 726—1997	《水泥胶砂试模》
T 0506—2005	《水泥胶砂强度检验方法(ISO法)》

2 仪器设备

(1)抗压试验机或万能试验机应符合 T 0506—2005《水泥胶砂强度检验方法(ISO法)》的2.6。

(2)压蒸仪:采用电热手提式高压消毒器,如图 T 0512-1 所示。主体和盖为优质铸铝合金制成,盖上装有安全阀和压力表,铝质内桶的尺寸为 φ280mm×280mm(本试验不用内桶,另加工制作1个高度不低于 150mm 的箅架),电热管额定功率为 2kW,工作蒸汽压力为 140kPa~160kPa,相应温度约为 126℃~128℃。当采用外加热型高压消毒器时,配用 2kW 电炉。将试件带模放入盛有沸水的压蒸仪中压蒸养护时,从加盖、压阀后至蒸汽压力升至工作压力的时间为 20min~30min。

如采用其它规格的压蒸设备,需在试验报告中注明。

(3)台秤:量程 5kg,感量为 5g。

(4)天平:量程不小于 100g,感量不大于 0.1g。

(5)试模盖板:由钢板制成,200mm×150mm×10mm,上下板面光洁、平整。

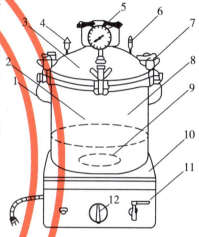

图 T0512-1 压蒸仪
1-提手;2-箅架;3-盖;4-放汽阀;5-压力表;6-安全阀;7-紧固螺栓;8-主体;9-电热管;10-电流控制箱;11-放水龙头;12-开关

(6)秒表,分度值为 1s。

(7)0.9mm 方孔筛。

(8)水泥胶砂搅拌机、胶砂振动台、规格为 40mm×40mm×160mm 的三联钢模、下料漏斗、刮平刀及 40mm×40mm 抗压夹具等,均应符合 T 0506—2005《水泥胶砂强度检验方法(ISO法)》的要求。

3 材料和试剂

(1)水泥:水泥试样应充分拌匀,通过 0.9mm 方孔筛并记录筛余物。

(2)砂:采用 ISO 标准砂。应符合 GB/T 17671—1999 的质量要求。

(3)水:必须是洁净的淡水。

4 试验步骤

4.1 试验准备

4.1.1 把试模擦净,四周的模板与底座的接触面应涂上黄油,紧密装配,防止漏浆,内壁均匀刷一薄层机油。将准备好的试模连同下料漏斗一起固定在水泥胶砂振动台上。

4.1.2 将压蒸仪中的水加至离算约50mm的高度并烧开,检查压蒸仪是否漏气,如有漏气现象,必须采取相应的改善措施(更换密封胶圈或采取其它措施)。

4.1.3 称取试验材料:一组三个试件的材料用量如表T0512-1所示。

表 T0512-1 三个试件的材料用量

材 料 名 称	用 量	材 料 名 称	用 量
水泥	450g ± 2g	CS促凝剂	5g ± 0.1g
ISO砂	1350g ± 5g	水	225mL ± 1mL

4.1.4 配制CS促凝剂溶液:将CS促凝剂5g加入规定量的拌合水中,充分搅拌使之溶化。

4.1.5 CS专用促凝剂:采用化学纯或分析纯的无水碳酸钠Na_2CO_3和无水硫酸钠Na_2SO_4按表T0512-2的质量比合成。为提高促凝剂的分散均匀性,宜事先将所用化学试剂研细,再采用塑料袋按每次试验用量5g密封分装,于阴凉干燥处保存,防止受潮结块。

表 T0512-2 促凝剂配方(质量比例)

名 称	Na_2CO_3(%)	Na_2SO_4(%)	$NaAlO_2$(%)
CS	75	25	/
CAS	60	25	15

4.2 拌制水泥胶砂

将称好的水泥与ISO砂倒入砂浆搅拌锅内,开动搅拌机,拌合5s后徐徐加入促凝剂溶液,25s~30s内加完。自开动机器搅拌3min ± 5s后停车。将粘在叶片上的胶砂刮下,取下搅拌锅,准备成型试件。

4.3 成型试件

按 T 0506—2005《水泥胶砂强度检验方法(ISO法)》的有关规定进行。

4.4 试件压蒸养护

4.4.1 试件成型后即加盖事先刷过机油的钢盖板,并将试件带模放至水已烧沸的压蒸仪中压蒸养护。加盖、压阀后立即记录压蒸养护的始、末时间。试件的压蒸养护时间从压蒸仪加盖、压安全阀时起计为1.5h,允许偏差为 ± 2min。

4.4.2 压蒸过程中应经常观察压力表示值,记录自压蒸仪加盖、压阀至蒸汽压力达到

140kPa~160kPa 并开始释放蒸汽的时间。每次试验时的升压时间应基本相同,为 25min±5min。压蒸过程中如发生漏汽或安全阀座堵塞等致使蒸汽压力产生异常现象时,应及时处理,且所作试验无效;当实验室的电压变化较大致使升压时间不稳定时,应采用稳压电源。

4.4.3 压蒸养护到规定时间时,将压蒸仪从电炉上搬下,提阀放汽,在确认压蒸仪内无蒸汽压力后,开盖取出试模,立即拆模,待试件冷却约 10min 后,即测定快硬胶砂的抗压强度。

4.5 测定快硬胶砂抗压强度

4.5.1 检查压力机和抗压夹具的球座,必须转动灵活,防止试件偏心受压。

4.5.2 清除试件受压面与抗压夹具加压板上的砂粒或杂物,并使夹具对准压力机中心。

4.5.3 将试件两端轮流进行抗压试验。试验时,以试件的侧面为受压面,试件端头伸出夹具约 10mm,加荷速度约为 2400 N/s±200 N/s,均匀加荷直至试件破坏。

4.6 抗折试验见 T 0506—2005《水泥胶砂强度检验方法(ISO 法)》中的 7.2。

5 试验结果计算

5.1 抗折试验

抗折强度结果取三块试件平均值,精确至 0.1MPa。当三个强度值中有超过平均值±10%的,应剔除后再平均,以平均值作为抗折强度试验结果。

5.2 按下式计算快硬水泥胶砂抗压强度

$$f_{1.5h} = \frac{F_c}{A} \tag{T0512-1}$$

式中:$f_{1.5h}$——快硬水泥胶砂抗压强度(MPa);
    F_c——试件的破坏荷载(N);
    A——试件受压面积,即 40mm×40mm(mm²)。

抗压强度计算值精确至 0.1MPa。抗压强度结果为 6 个抗压强度测定值的算术平均值,如果 6 个强度值中有一个值超过平均值±10%的,应剔除后再以剩下的 5 个结果平均。如果 5 个值中再有超过平均值±10%的,则此组试件无效。

5.3 推定标准养护 28d 龄期的水泥胶砂抗压、抗折强度

5.3.1 采用事先通过试验建立的强度推定经验式,根据快硬水泥胶砂抗压强度试验结果,推算出标准养护 28d 龄期的水泥胶砂抗压强度和抗折强度。

注:进行预备试验建立强度推定经验式及推定精度校核的方法应符合 T 0512 附录的规定。

5.3.2 推定标准养护 28d 龄期的水泥胶砂抗压强度 R_c 和抗折强度 R_f 时,所测快硬水泥胶砂强度 $f_{1.5h}$ 的测值应在建立强度推定经验式试验所得 $R_{28} = a + bf_{1.5h}$ 或 $R_{28} = A \cdot f_{1.5h}^B$ 回归线的范围内,不得外推;快速试验的水泥样品,其品种、牌名须与事先建立强度推定式试验所用水泥相同。

6 试验报告

试验报告应包括以下内容:
(1)要求检测的项目名称;
(2)试验日期及时间;
(3)仪器设备的名称、型号及编号;
(4)环境温度和湿度;
(5)执行标准;
(6)1.5h 的水泥胶砂抗压、抗折强度;
(7)推定 28d 的水泥胶砂抗压、抗折强度;
(8)要说明的其它内容。

T 0512 附录 水泥胶砂强度推定经验式的建立方法及精度要求

A.1 目的和适用范围
建立水泥胶砂 28d 龄期强度推定经验式,用于 1.5h 促凝压蒸法快速测定水泥胶砂强度试验。

A.2 仪器设备

A.2.1 符合 T 0506《水泥胶砂强度检验方法(ISO 法)》所用仪器设备要求。

A.2.2 符合 T 0512《水泥胶砂强度快速试验(1.5h 促凝压蒸法)》所用仪器设备要求。

A.3 材料与试剂

A.3.1 水泥、ISO 砂、水、促凝剂,其技术要求与 T 0512 相同。

A.3.2 预备试验采用的水泥样品数不宜少于 30 个,不同样品的水泥胶砂 28d 抗压强度最高、最低值之差不宜小于 20MPa。

A.4 试验步骤

A.4.1 试验准备,与 T 0512 相同。

A.4.2 每种水泥样品均同时取两份试样,分别按照 T 0506、T 0512 的有关规定测定水泥胶砂 28d 龄期抗压强度 R_{c28}、抗折强度 R_{f28} 及促凝压蒸 1.5h 的快硬强度 $f_{1.5h}$。

A.5 试验结果计算

A.5.1 建立 28d 水泥胶砂强度推定经验式

将各个水泥样品的 R_{c28}、R_{f28}、$f_{1.5h}$ 试验结果汇总,进行数据回归分析,建立直线型($y = a + bX$)或幂函数型（$y = AX^B$）的水泥胶砂抗压、抗折强度推定经验式。所建强度推定式的相关性必须高度显著（一般情况下相关系数不小于 0.85，水泥样品等级单一时不作规定），偏差 C_v 不宜超过 8%，最大不应超过 10%。

A.5.2　验证强度经验式的推定精度

预备试验建立的强度经验式须经试用验证其推定精度，确认推定精度满足实用要求后方可正式采用。采用中的推定式，也须经常进行推定精度校核。在试验数据不少于 20~30 组的条件下，根据经验式得出的 28d 强度推定值（$\hat{R}_{c28}$ 或 $\hat{R}_{f28}$）与试验实测值（R_{c28} 或 R_{f28}）的平均误差百分率 $\bar{V}$ 不宜超过 8%，最大不应超过 10%。当发现推定精度有异常变化时，应分析原因，必要时应对此经验式进行适当修正或重新建立新的经验式。

平均误差百分率 $\bar{V}$ 按下式统计：

$$\bar{V} = [\sum_{i=1}^{n}(|Y_i - \hat{Y}_i|/Y_i)/n] \times 100 \quad \text{(T0512A-1)}$$

式中：$\bar{V}$——平均误差百分率（%）；

Y_i——试验实测的水泥胶砂 28d 强度（R_{c28} 或 R_{f28}）（MPa）；

$\hat{Y}_i$——根据水泥胶砂快硬强度 $f_{1.5h}$ 推定的 28d 强度（MPa）；

n——试验组数。

A.5.3　统计试验误差

（1）按下式计算组内试验误差 V_t 及其平均值 $\bar{V}_t$：

$$(V_t)_i = (1/d_2) \times (R_t/\bar{R}) \times 100 \quad \text{(T0512A-2)}$$

$$\bar{V}_t = \sum_{i=1}^{n}(V_t)_i/n \quad \text{(T0512A-3)}$$

式中：$(V_t)_i$——任意一组试验的组内试验误差（%）；

$\bar{V}_t$——n 组试验的平均组内试验误差（%）；

d_2——极差系数：一组 3 个数据（R_{f28} 及 $f_{1.5h}$）时，$d_2 = 1.693$，$i/d_2 = 0.591$；一组 6 个数据（R_{c28}）时，$d_2 = 2.534$，$i/d_2 = 0.395$；

R_t——组内极差（1 组几个试件强度的最大值与最小值之差）（MPa）；

$\bar{R}$——1 组几个试件强度（f_{28}、f_{f28} 或 $f_{1.5h}$）的平均值（MPa）；

n——试验组数。

（2）按下式计算多天变异系数 V_d 及其平均值 $\bar{V}_d$：

$$(V_d)_i = (S/\bar{R}) \times 100 \quad \text{(T0512A-4)}$$

$$\bar{V}_d = \sum_{i=1}^{m}(V_d)_i/m \quad \text{(T0512A-5)}$$

式中：$(V_d)_i$——任意一个水泥样品的多天试验变异系数（%）；

$\bar{V}_d$——m 个水泥样品的平均多天变异系数（%）；

R_i——任意一个水泥样品任意一次试验的强度结果（MPa）；

$\bar{R}$——同一水泥样品不同天 n 次重复试验强度结果的平均值（MPa）；

n——同一水泥样品不同天重复试验的次数；

m——不同水泥样品的个数；

S——同一水泥样品不同天重复试验强度结果的标准差（MPa）。

$$S = \sqrt{[\sum_{i=1}^{n}R_i^2 - (\sum_{i=1}^{n}R_i)^2/n]/(n-1)} \quad \text{(T0512A-6)}$$

在试验数据不少于30组的条件下，R_{c28}、R_{f28}或$f_{1.5h}$的平均组内试验误差$\bar{V}_t$应小于5%；平均多天试验变异系数$\bar{V}_d$应小于10%。否则，应分析原因，采取相应改进措施。

条文说明

本试验快速推定的水泥胶砂28d龄期强度，可供水泥生产厂及使用单位及时检测水泥质量或用于混凝土配合比设计，不作为仲裁水泥等级合格与否的依据。

由于水泥强度的标准检验方法，需要28d以后才能确定等级，远远不能满足水泥生产控制和水泥使用的要求，所以提出本方法。原标准是基于GB/T 177—1985《水泥胶砂强度检验方法》提出的，由于水泥强度已经采用GB/T 17671《水泥胶砂强度检验方法（ISO法）》，所以本方法也调整为采用T 0506—2005《水泥胶砂强度检验方法（ISO法）》的相应方法推断水泥强度。

4 水泥混凝土拌合物试验

T 0521—2005 水泥混凝土拌合物的拌和与现场取样方法
(Standard Practice for Making and Curing Concrete Test Specimens in the Laboratory)

1 目的、适用范围和引用标准

本方法规定了在常温环境中室内水泥混凝土拌合物的拌和与现场取样方法。

轻质水泥混凝土、防水水泥混凝土、碾压水泥混凝土等其它特种水泥混凝土的拌和与现场取样方法,可以参照本方法进行,但因其特殊性所引起的对试验设备及方法的特殊要求,均应遵照对这些水泥混凝土的有关技术规定进行。

引用标准:

JG/T 3020—1994 《混凝土试验用振动台》

2 仪器设备

(1)搅拌机:自由式或强制式。

(2)振动台:标准振动台,符合《混凝土试验用振动台》的要求。

(3)磅秤:感量满足称量总量1%的磅秤。

(4)天平:感量满足称量总量0.5%的天平。

(5)其它:铁板、铁铲等。

3 材料

3.1 所有材料均应符合有关要求,拌和前材料应放置在温度20℃±5℃的室内。

3.2 为防止粗集料的离析,可将集料按不同粒径分开,使用时再按一定比例混合。试样从抽取至试验完毕过程中,不要风吹日晒,必要时应采取保护措施。

4 拌和步骤

4.1 拌和时保持室温20℃±5℃。

4.2 拌合物的总量至少应比所需量高20%以上。拌制混凝土的材料用量应以质量计,称量的精确度:集料为±1%,水、水泥、掺合料和外加剂为±0.5%。

4.3 粗集料、细集料均以干燥状态[注]为基准,计算用水量时应扣除粗集料、细集料的含水量。

注:干燥状态是指含水率小于0.5%的细集料和含水率小于0.2%的粗集料。

4.4 外加剂的加入

对于不溶于水或难溶于水且不含潮解型盐类,应先和一部分水泥拌和,以保证充分分散。

对于不溶于水或难溶于水但含潮解型盐类,应先和细集料拌和。

对于水溶性或液体,应先和水拌和。

其它特殊外加剂,应遵守有关规定。

4.5 拌制混凝土所用各种用具,如铁板、铁铲、抹刀,应预先用水润湿,使用完后必须清洗干净。

4.6 使用搅拌机前,应先用少量砂浆进行涮膛,再刮出涮膛砂浆,以避免正式拌和混凝土时水泥砂浆粘附筒壁的损失。涮膛砂浆的水灰比及砂灰比,应与正式的混凝土配合比相同。

4.7 用搅拌机拌和时,拌合量宜为搅拌机公称容量1/4~3/4之间。

4.8 搅拌机搅拌

按规定称好原材料,往搅拌机内顺序加入粗集料、细集料、水泥。开动搅拌机,将材料拌和均匀,在拌和过程中徐徐加水,全部加料时间不宜超过2min。水全部加入后,继续拌和约2min,而后将拌合物倾出在铁板上,再经人工翻拌1min~2min,务必使拌合物均匀一致。

4.9 人工拌和

采用人工拌和时,先用湿布将铁板、铁铲润湿,再将称好的砂和水泥在铁板上拌匀,加入粗集料,再混和搅拌均匀。而后将此拌合物堆成长堆,中心扒成长槽,将称好的水倒入约一半,将其与拌合物仔细拌匀,再将材料堆成长堆,扒成长槽,倒入剩余的水,继续进行拌和,来回翻拌至少6遍。

4.10 从试样制备完毕到开始做各项性能试验不宜超过5min(不包括成型试件)。

5 现场取样

5.1 新混凝土现场取样:凡由搅拌机、料斗、运输小车以及浇制的构件中采取新拌混凝土代表性样品时,均须从三处以上的不同部位抽取大致相同份量的代表性样品(不要抽取已经离析的混凝土),集中用铁铲翻拌均匀,而后立即进行拌合物的试验。拌合物取样量应多于试验所需数量的 1.5 倍,其体积不小于 20L。

5.2 为使取样具有代表性,宜采用多次采样的方法,最后集中用铁铲翻拌均匀。

5.3 从第一次取样到最后一次取样不宜超过 15min。取回的混凝土拌合物应经过人工再次翻拌均匀,而后进行试验。

条文说明

水泥混凝土拌合物的性能与拌和过程密切相关,为规范室内拌和水泥混凝土拌合物和现场混凝土拌合物取样,特制定本方法。

由于配合比计算时,一般都以原料干燥状态为基准,所以,应事先测得原材料的含水量,然后在拌和加水时扣除。

T 0522—2005 水泥混凝土拌合物稠度试验方法(坍落度仪法)
(Standard Test Method for Determination of the Consistency)

1 目的、适用范围和引用标准

本方法规定了采用坍落度仪测定水泥混凝土拌合物稠度的方法和步骤。

本方法适用于坍落度大于 10mm,集料公称最大粒径不大于 31.5mm 的水泥混凝土的坍落度测定。

引用标准:

JG 3019—1994 《水泥混凝土试模》

JG 3021—1994 《水泥混凝土坍落度仪》

GB/T 50080—2002 《普通混凝土拌合物性能试验方法标准》

T 0521—2005 《水泥混凝土拌合物的拌和与现场取样方法》

2 仪器设备

(1)坍落筒:如图 T0522-1 所示,符合《水泥混凝土坍落度仪》中有关技术要求。坍落筒为铁板制成的截头圆锥筒,厚度不小于 1.5mm,内侧平滑,没有铆钉头之类的突出物,在筒上方约 2/3 高度处有两个把手,近下端两侧焊有两个踏脚板,保证坍落筒可以稳定操作,坍落筒尺寸如表 T0522-1。

(2)捣棒:符合《水泥混凝土坍落度仪》(JG 3021)中有关技术要求,为直径 16mm,长约 600mm 并具有半球形端头的钢质圆棒。

(3)其它:小铲、木尺、小钢尺、镘刀和钢平板等。

表 T0522-1 坍落筒尺寸

集料公称最大粒径（mm）	筒的名称	筒的内部尺寸(mm)		
		底面直径	顶面直径	高度
<31.5	标准坍落筒	200±2	100±2	300±2

3 试验步骤

3.1 试验前将坍落筒内外洗净，放在经水润湿过的平板上（平板吸水时应垫以塑料布），踏紧踏脚板。

3.2 将代表样分三层装入筒内，每层装入高度稍大于筒高的1/3，用捣棒在每一层的横截面上均匀插捣25次。插捣在全部面积上进行，沿螺旋线由边缘至中心，插捣底层时插至底部，插捣其它两层时，应插透本层并插入下层约20mm～30mm，插捣须垂直压下（边缘部分除外），不得冲击。在插捣顶层时，装入的混凝土应高出坍落筒口，随插捣过程随时添加拌合物。当顶层插捣完毕后，将捣棒用锯和滚的动作，清除掉多余的混凝土，用镘刀抹平筒口，刮净筒底周围的拌合物。而后立即垂直地提起坍落筒，提筒在5s～10s内完成，并使混凝土不受横向及扭力作用。从开始装料到提出坍落度筒整个过程应在150s内完成。

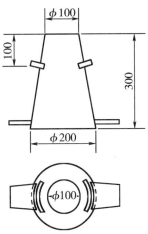

图 T0522-1 坍落度试验用坍落筒
（尺寸单位：mm）

3.3 将坍落筒放在锥体混凝土试样一旁，筒顶平放木尺，用小钢尺量出木尺底面至试样顶面最高点的垂直距离，即为该混凝土拌合物的坍落度，精确至1mm。

3.4 当混凝土试件的一侧发生崩坍或一边剪切破坏，则应重新取样另测。如果第二次仍发生上述情况，则表示该混凝土和易性不好，应记录。

3.5 当混凝土拌合物的坍落度大于220mm时，用钢尺测量混凝土扩展后最终的最大直径和最小直径，在这两个直径之差小于50mm的条件下，用其算术平均值作为坍落扩展度值；否则，此次试验无效。

3.6 坍落度试验的同时，可用目测方法评定混凝土拌合物的下列性质，并予记录。

3.6.1 棍度：按插捣混凝土拌合物时难易程度评定。分"上"、"中"、"下"三级。
"上"：表示插捣容易；
"中"：表示插捣时稍有石子阻滞的感觉；
"下"：表示很难插捣。

3.6.2 含砂情况：按拌合物外观含砂多少而评定，分"多"、"中"、"少"三级。

"多":表示用镘刀抹拌合物表面时,一两次即可使拌合物表面平整无蜂窝;

"中":表示抹五、六次才可使表面平整无蜂窝;

"少":表示抹面困难,不易抹平,有空隙及石子外露等现象。

3.6.3 粘聚性:观测拌合物各组分相互粘聚情况。评定方法是用捣棒在已坍落的混凝土锥体侧面轻打,如锥体在轻打后逐渐下沉,表示粘聚性良好;如锥体突然倒坍、部分崩裂或发生石子离析现象,即表示粘聚性不好。

3.6.4 保水性:指水分从拌合物中析出情况,分"多量"、"少量"、"无"三级评定。

"多量":表示提起坍落筒后,有较多水分从底部析出;

"少量":表示提起坍落筒后,有少量水分从底部析出;

"无":表示提起坍落筒后,没有水分从底部析出。

4 试验结果

混凝土拌合物坍落度和坍落扩展度值以毫米(mm)为单位,测量精确至1mm,结果修约至最接近的5mm。

5 试验报告

试验报告应包括以下内容:

(1)要求检测的项目名称、执行标准;
(2)原材料的品种、规格和产地以及混凝土配合比;
(3)试验日期及时间;
(4)仪器设备的名称、型号及编号;
(5)环境温度和湿度;
(6)搅拌方式;
(7)水泥混凝土拌合物坍落度(坍落扩展度值);
(8)要说明的其它内容,如棍度、含砂情况、粘聚性和保水性。

条文说明

本方法基本上根据GB/T 50080—2002、ASTM C 143和ISO 4109—1980修改。在评价水泥混凝土拌合物的稠度方面,坍落度试验是重要指标之一。随着近年来流态混凝土的推广,本方法中增加了坍落扩展度来评价其稠度。同时还增加了其它评价水泥混凝土拌合物工作性能的指标:棍度、含砂情况、粘聚性和保水性。

坍落度试验可以认为是测量水泥混凝土在自重作用下流动的抗剪性。ISO 4103—1979中规定了拌合物稠度分级,见表T0522-2。

表 T0522-2 水泥混凝土的稠度分级

级 别	坍落度(mm)	级 别	坍落度(mm)
特干硬	—	低 塑	50~90
很干稠	—	塑 性	100~150
干 稠	10~40	流 态	>160

T 0523—2005 水泥混凝土拌合物稠度试验方法(维勃仪法)

(Standard Test Method for Determination of the Consistency——Vebe Test)

1 目的、适用范围和引用标准

本方法规定用维勃稠度仪来测定水泥混凝土拌合物稠度的方法和步骤。

本方法适用于集料公称最大粒径不大于31.5mm的水泥混凝土及维勃时间在5s~30s之间的干稠性水泥混凝土的稠度测定。

引用标准：

JG 3043—1997 《维勃稠度仪》

JG 3021—1994 《水泥混凝土坍落度仪》

T 0521—2005 《水泥混凝土拌合物的拌和与现场取样方法》

2 仪器设备

(1)稠度仪(维勃仪)：如图T0523-1所示，符合《维勃稠度仪》(JG 3043)的规定。

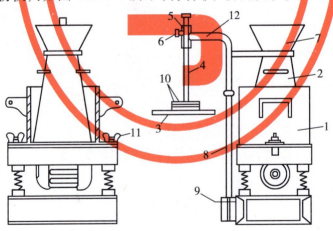

图 T0523-1 稠度计(维勃仪)

1-容器;2-坍落度筒;3-圆盘;4-滑杆;5-套筒;6-螺钉;7-漏斗;8-支柱;9-定位螺丝;10-荷重块;11-元宝螺母;12-旋转架

①容器1：为金属圆筒，内径240mm±5mm，高200mm±2mm，壁厚3mm，底厚7.5mm。容器应不漏水并有足够刚度，上有把手，底部外伸部分可用螺母将其固定在振动台上。

②坍落度筒2：为截头圆锥，筒底部直径200mm±2mm，顶部直径100mm±2mm，高度300mm±2mm，壁厚不小于1.5mm，上下开口并与锥体轴线垂直，内壁光滑，筒外安有把手。

③圆盘3：用透明塑料制成，上装有滑杆4。滑棒可以穿过套筒5垂直滑动。套筒装在一个可用螺钉6固定位置的旋转悬臂上。悬臂上还装有一个漏斗7。坍落筒在容器中放好后，转动旋臂，使漏斗底部套在坍落筒上口。旋臂装在支柱8上，可用定位螺丝9固定位置。滑棒和漏斗的轴线应与容器的轴线重合。

圆盘直径230mm±2mm，厚10mm±2mm，圆盘、滑棒及荷重块组成的滑动部分总质量为2750g±50g。滑棒刻度可用来测量坍落度值。

④振动台：工作频率50Hz，空载振幅0.5mm，上有固定容器的螺栓。

(2)捣棒、镘刀等符合JG 3021的要求。

(3)秒表：分度值为0.5s。

3 试验步骤

3.1 将容器1用螺母固定在振动台上，放入润湿的坍落筒2，把漏斗7转到坍落筒上口，拧紧螺丝9，使漏斗对准坍落筒口上方。

3.2 按坍落度试验步骤，分三层经漏斗装入拌合物，用捣棒每层捣25次，捣毕第三层混凝土后，拧松螺丝6，把漏斗转回到原先的位置，并将筒模顶上的混凝土刮平，然后轻轻提起筒模。

3.3 拧紧螺丝9，使圆盘可定向地向下滑动，仔细转圆盘到混凝土上方，并轻轻与混凝土接触。检查圆盘是否可以顺利滑向容器。

3.4 开动振动台并按动秒表，通过透明圆盘观察混凝土的振实情况，当圆盘底面刚为水泥浆布满时，迅即按停秒表和关闭振动台，记下秒表所记时间，精确至1s。

3.5 仪器每测试一次后，必须将容器、筒模及透明圆盘洗净擦干，并在滑棒等处涂薄层黄油，以备下次使用。

4 试验结果

秒表所表示时间即为混凝土拌合物稠度的维勃时间，精确到1s。以两次试验结果的平均值作为混凝土拌合物稠度的维勃时间。

5 试验报告

试验报告应包括以下内容：

(1)项目名称、执行标准；

(2)原材料的品种、规格和产地以及混凝土配合比；

(3)试验日期及时间；

(4)仪器设备的名称、型号及编号；

(5)环境温度和湿度；
(6)搅拌方式；
(7)混凝土拌合物维勃时间；
(8)要说明的其它内容。

条文说明

本方法根据 ISO 4110—1979 修改,与国标 GB/T 50080—2002 等同。维勃试验是将新拌水泥混凝土装入坍落度筒内后再拔去坍落度筒,并将透明圆盘放在圆锥混凝土顶面,然后在规定频率和振幅下振动,直到透明圆盘的下表面完全布满水泥浆为止。但试验中由于水泥浆润湿圆盘底不均匀,判断试验终点较难。

ISO 4103—1979 中规定了拌合物稠度分级,见表 T0523-1。

表 T0523-1 水泥混凝土的稠度分级

级 别	维勃时间(s)	级 别	维勃时间(s)
特干硬	≥31	低 塑	10～5
很干稠	30～21	塑 性	≤4
干 稠	20～11	流 态	—

T 0524—2005 碾压混凝土拌合物稠度试验方法(改进 VC 法)

(Standard Test Method for Determination of
the Consistency of Roll Compacted Concrete —— Modified Vebe Test)

1 目的、适用范围和引用标准

本方法规定了碾压混凝土拌合物稠度测定的仪器设备和试验步骤。

本方法适用于实验室及现场测定路面碾压混凝土拌合物的稠度,为碾压混凝土配合比设计及现场质量控制提供依据。

引用标准：

JG 3043—1997 《维勃稠度仪》

JG 3021—1994 《水泥混凝土坍落度仪》

T 0521—2005 《水泥混凝土拌合物的拌和与现场取样方法》

2 仪器设备

(1)维勃稠度仪:该仪器由以下各部分组成(见图 T0524-1)。

①振动台:工作频率 50Hz±3Hz,空载(含筒)振幅 0.5mm±0.1mm。

②容量筒:金属制成,内径 240mm,内高 200mm,壁厚约 3mm,底厚约 7mm。容量筒应不漏水并有足够刚度,上有把手,底部外伸部分可用螺母固定在振动台上。

③透明圆盘:用透明有机玻璃制成,上装有滑杆。压板直径230mm±2mm,厚10mm±2mm,荷重和滑杆的总质量为2.75kg±0.05kg,滑杆可通过套筒垂直滑动。滑杆及套筒的轴线与容器轴线重合。

④配重砝码:两块,共8700g。

(2)捣棒:直径16mm,长600mm,一端为弹头形;橡皮锤、镘刀等符合T 0522中第2条的要求。

(3)秒表:分度值为0.5s。

(4)磅秤:量程大于50kg。

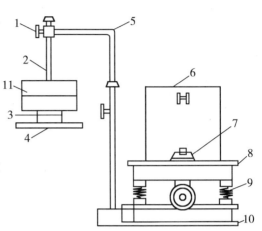

图 T0524-1 维勃工作度测定仪简图
1-螺栓;2-滑杆;3-砝码;4-圆盘;5-转向弯杆;6-容量筒;7-固定螺栓;8-台面;9-弹簧;10-底座;11-配重砝码

3 试验步骤

3.1 试验前用湿布擦拭容量筒内壁及透明圆盘的上、下面。

3.2 取质量均匀、有代表性的水泥混凝土试样约25kg。

3.3 用铁勺等工具将试样分两层轻轻装入容量筒内,底层应超过半筒,上层应高出筒口。装料时应避免自由下倒,以防试样离析;每装一层用捣棒从容量筒周边向中心螺旋形均匀插捣25次。插捣底层时,捣棒应贯穿整个深度但不触及筒底;插捣上层时,捣棒应插入底层表面以下1cm～2cm。每层插捣后,用橡皮锤均匀敲击容量筒周围10次,以消除插捣产生的孔洞;上层插捣完毕后,用金属镘刀除去高出筒口的试样,并将表面抹平。

3.4 将装有试样的容量筒固定于振动台上,并把透明圆盘连同荷重及配重砝码加到拌合物表面。

3.5 开动振动台,同时按下秒表,注意观察透明圆盘下试样表面出浆情况。记下从振动开始到圆盘下的试样半面积出浆所经过的时间。此时间即为混凝土的改进 VC 值(s),记录精确至1s。

3.6 当圆盘下的试模半面积出浆时,只记录 VC 值,但不关闭振动台,使其继续振至60s时再停机。停机后,提取圆盘及配重砝码,对试样表面的平整情况及出浆程度进行评分。评分标准参考表T0524-1。

表 T0524-1 试样表面评分标准值

评 分	5	4	3	2	1
表面评分	平整出浆很好	平整出浆较好	平整基本出浆	有缺陷出浆不足	不平整且无浆

4　试验结果

每个试样重复两次试验,以两次测值的平均值为试验结果,精确至 1s。如果两次测值与平均值的误差均超过 20%,试验结果无效。

5　试验报告

试验报告应包括以下内容:
(1)要求检测的项目名称、执行标准;
(2)原材料的品种、规格和产地以及混凝土配合比;
(3)试验日期及时间;
(4)仪器设备的名称、型号及编号;
(5)环境温度和湿度;
(6)搅拌方式;
(7)碾压混凝土拌合物的改进 VC 值;
(8)试样表面评分值;
(9)要说明的其它内容。

条文说明

由于碾压混凝土拌合料属超干硬性混凝土,普通混凝土的稠度测定方法(坍落度仪法、维勃仪法)均不适用。根据资料,马歇尔击实法、土工击实法及改进 VC 法均可用于碾压混凝土拌合物稠度的评定,对三种方法的大量对比试验表明,改进 VC 法的试验时间短,精度高,并且与混凝土的施工性能有较好的相关关系,更适于稠度较大的路用碾压混凝土。

稠度是路面碾压混凝土配合比设计的重要指标,也是影响路面平整度和压实度的关键因素。稠度较低,路面容易压实,但平整度难以保证;提高稠度可改善平整度,但稠度过大,路面压实度难以达到要求。根据经验,路面碾压改进 VC 值在 35s~45s 之间较为适宜。

T 0525—2005　水泥混凝土拌合物表观密度试验方法

(Standerd Test Method for Determination of Apparent Specific Density of Fresh Concrete)

1　目的、适用范围和引用标准

本方法规定了水泥混凝土拌合物表观密度测定的试验步骤。

本方法适用于测定水泥混凝土拌合物捣实后的密度,以备修正、核实水泥混凝土配合比计算中的材料用量。当已知所用原材料密度时,还可以算出拌合物近似含气量。

引用标准:

T 0521—2005 《水泥混凝土拌合物的拌和与现场取样方法》
GB/T 50080—2002 《普通混凝土拌合物性能试验方法标准》

2 仪器设备

(1)试样筒

试样筒为刚性金属圆筒,两侧装有把手,筒壁坚固且不漏水。对于集料公称最大粒径不大于 31.5mm 的拌合物采用 5L 的试样筒,其内径与内高均为 186mm±2mm,壁厚为 3mm。对于集料公称最大粒径大于 31.5mm 的拌合物所采用试样筒,其内径与内高均应大于集料公称最大粒径的 4 倍。

(2)捣棒:符合 T 0522 的规定。
(3)磅秤:量程 100kg,感量为 50g。
(4)振动台:应符合 T 0521 的规定。
(5)其它:金属直尺、镘刀、玻璃板等。

3 试验步骤

3.1 试验前用湿布将试样筒内外擦拭干净,称出质量(m_1),精确至 50g。

3.2 当坍落度不小于 70mm 时,宜用人工捣固:

对于 5L 试样筒,可将混凝土拌合物分两层装入,每层插捣次数为 25 次。

对于大于 5L 的试样筒,每层混凝土高度不应大于 100mm,每层插捣次数按每 10 000mm² 截面不小于 12 次计算。用捣棒从边缘到中心沿螺旋线均匀插捣。捣棒应垂直压下,不得冲击,捣底层时应至筒底,捣上两层时,须插入其下一层约 20mm~30mm。每捣毕一层,应在量筒外壁拍打 5~10 次,直至拌合物表面不出现气泡为止。

3.3 当坍落度小于 70mm 时,宜用振动台振实,应将试样筒在振动台上夹紧,一次将拌合物装满试样筒,立即开始振动,振动过程中如混凝土低于筒口,应随时添加混凝土,振动直至拌合物表面出现水泥浆为止。

3.4 用金属直尺齐筒口刮去多余的混凝土,用镘刀抹平表面,并用玻璃板检验,而后擦净试样筒外部并称其质量(m_2),精确至 50g。

4 试验结果计算

4.1 按下式计算拌合物表观密度 ρ_h:

$$\rho_h = \frac{m_2 - m_1}{V} \times 1000 \qquad (T0525\text{-}1)$$

式中:ρ_h——拌合物表观密度(kg/m³);

m_1——试样筒质量(kg);

m_2——捣实或振实后混凝土和试样筒总质量(kg);

V——试样筒容积(L)。

试验结果计算精确到 10 kg/m³。

4.2 以两次试验结果的算术平均值作为测定值,精确到 10 kg/m³,试样不得重复使用。

注:应经常校正试样筒容积:将干净的试样筒和玻璃板合并称其质量,再将试样筒加满水,盖上玻璃板,勿使筒内存有气泡,擦干外部水分,称出水的质量,即为试样筒容积。

5 试验报告

试验报告应包括以下内容:

(1)要求检测的项目名称,执行标准;

(2)原材料的品种、规格和产地以及混凝土配合比;

(3)试验日期及时间;

(4)仪器设备的名称、型号及编号;

(5)环境温度和湿度;

(6)搅拌方式;

(7)水泥混凝土拌合物表观密度;

(8)要说明的其它内容。

条文说明

本方法参照 GB/T 50080—2002《普通混凝土拌合物性能试验方法标准》修订。水泥混凝土拌合物的密度是在一定压实方法下的密度,其实质为水泥混凝土拌合物的毛体积密度。水泥混凝土拌合物的压实方法,根据不同坍落度而不同。

水泥混凝土拌合物表观密度用于修正、核实混凝土配合比计算中的材料用量,假定拌合物表观密度参考表如下。

表 T0525-1 拌合物表观密度参考

混凝土强度等级	C7.5 ~ C15	C20 ~ C30	C35 ~ C40	> C40
假定拌合物表观密度(kg/m³)	2300 ~ 2350	2350 ~ 2400	2400 ~ 2450	2450

当已知所用原材料密度时,还可以算出拌合物近似含气量。

T 0526—2005 水泥混凝土拌合物含气量试验方法(混合式气压法)

(Standard Test Method for Air Content of Freshly Mixed Concrete by the Volumetric Method)

1 目的、适用范围和引用标准

本方法规定了采用混合式气压法测定水泥混凝土拌合物含气量的仪器设备和试验步骤。

本方法适用于集料公称最大粒径不大于 31.5mm、含气量不大于 10% 且有坍落度的水泥混凝土。

引用标准：

T 0521—2005《水泥混凝土拌合物的拌和与现场取样方法》

2 仪器设备

(1)混合式气压法含气量测定仪：包括量钵和量钵盖，钵体与钵盖之间有密封圈，如图 T0526-1 所示。

(2)测定仪附件：校正管、100mL 量筒、注水器、水平尺、插捣棒。

(3)压力表：量程为 0.25MPa；分度值为 0.01MPa。

(4)台秤：量程 50kg，感量为 50g。

(5)橡皮锤：应带有质量约 250g 的橡皮锤头。

(6)振动台：符合 T 0521 中的技术要求。

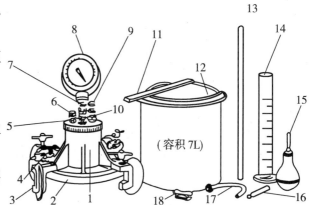

图 T0526-1 混合式气压法含气量测定仪

1-气室；2-上盖；3-夹子；4-小龙头；5-出水口；6-微调阀；7-排气阀；8-压力表；9-手泵；10-阀门杆；11-刮尺；12-量钵；13-捣棒；14-量筒；15-注水器；16-校正管(2)；17-校正管(1)；18-水平尺

3 试验步骤

3.1 标定仪器

3.1.1 量钵容积的标定

先称量含气量测定仪量钵和玻璃板总重，然后将量钵加满水，用玻璃板沿量钵顶面平推，使量钵内盛满水且玻璃板下无气泡。擦干钵体外表面后连同玻璃板一起称重。两次质量的差值除以该温度下水的密度即为量钵的容积 V。

3.1.2 含气量 0% 点的标定

把量钵加满水，将校正管(2)接在钵盖下面小龙头的端部。将钵盖轻放在量钵上，用夹子夹紧使其气密良好并用水平仪检查仪器的水平。打开小龙头，松开排气阀，用注水器从小龙头处加水，直至排气阀出水口冒水为止。然后拧紧小龙头和排气阀，此时钵盖和钵体之间的空隙被水充满。用手泵向气室充气，使表压稍大于 0.1MPa，然后用微调阀调整表压使其为 0.1MPa。按下阀门杆 1~2 次，使气室的压力气体进入量钵内，读压力表读数，此时指针所示压力相当于含气量 0%。

3.1.3 含气量 1%~10% 的标定

含气量 0% 标定后，将校正管(1)接在钵盖小龙头的上端，然后按一下阀门杆，慢慢打开小龙头，量钵中的水就通过校正管(1)流到量筒中。当量筒中的水为量钵容积的 1%

时，关闭小龙头。

打开排气阀，使量钵内的压力与大气压平衡，然后重新用手泵加压，并用微调阀准确地调到 0.1MPa。按 1~2 次阀门杆，此时测得的压力表读值相当于含气量 1%，同样方法可测得含气量 2%、3%~10% 的压力表读值。

以压力表读值为横坐标，含气量为纵坐标，绘制含气量与压力表读值关系曲线。

3.2 混凝土拌合物含气量测定

3.2.1 擦净量钵与钵盖内表面，并使其水平放置。将新拌混凝土拌合物均匀适量地装入量钵内，用振动台振实，振动时间 15s~30s 为宜。也可用人工捣实，将拌合物分三层装料，每层插捣 25 次，插捣上层时捣棒应插入下层 10mm~20mm。

3.2.2 刮去表面多余的混凝土拌合物，用镘刀抹平，并使其表面光滑无气泡。

3.2.3 擦净钵体和钵盖边缘，将密封圈放于钵体边缘的凹槽内，盖上钵盖，用夹子夹紧，使之气密良好。

3.2.4 打开小龙头和排气阀，用注水器从小龙头处往量钵中注水，直至水从排气阀出水口流出，再关紧小龙头和排气阀。

3.2.5 关好所有的阀门，用手泵打气加压，使表压稍大于 0.1MPa，用微调阀准确地将表压调到 0.1MPa。

3.2.6 按下阀门杆 1~2 次，待表压指针稳定后，测得压力表读数 P_{01}。

3.2.7 开启排气阀，压力仪表应归零，对容器中试样再测定一次压力值 P_{02}。

3.2.8 如果 P_{01} 和 P_{02} 的相对误差小于 0.2%，以两次测值的算术平均值，按压力与含气量关系曲线查得所测混凝土样品的仪器测定含气量 A_1 值（精确至 0.1%）作为试验结果；如果不满足，则应进行第三次试验，测得压力值 P_{03}。当 P_{03} 与 P_{01}、P_{02} 中较接近一个值的相对误差不大于 0.2% 时，则取两值的算术平均值，按压力与含气量关系曲线查得所测混凝土样品的仪器测定含气量 A_1 值（精确至 0.1%）作为试验结果。当仍大于 0.2% 时，须重作试验。

3.3 集料含气量 C 测定

3.3.1 在容器中先注入 1/3 高度的水，然后把集料慢慢倒入容器。水面升高 25mm

左右就应轻轻插捣10次,并略予搅动,以排除夹杂进去的空气;加料过程中应始终保持水面高出集料的顶面;集料全部加入后,应浸泡约5min,再用橡皮锤轻敲容器外壁,排净气泡,除去水面气泡,加水至满,擦净容器上口边缘;装好密封圈,加盖拧紧螺栓。

3.3.2 关闭操作阀和排气阀,开启进气阀,用气泵向气室内注入空气,打开操作阀,使气室内的压力略大于0.1MPa,待压力表显示值稳定后,打开排气阀,并用操作阀调整压力至0.1MPa,然后关紧所有阀门。

3.3.3 开启操作阀,使气室里的压缩空气进入容器,待压力表显示稳定后记录显示值P_{g1},然后开启排气阀,压力仪表应归零。

3.3.4 重复3.3.2、3.3.3步骤,对容器内的试样再检测一次,记为P_{g2}。

3.3.5 如果P_{g1}和P_{g2}的相对误差小于0.2%,以两次测值的平均值,按压力与含气量关系曲线查得集料的含气量C(精确至0.1%)作为试验结果。如果不满足,则应进行第三次试验,测得压力值P_{g3}。当P_{g3}与P_{g1}、P_{g2}中较接近一个值的相对误差不大于0.2%时,则取两值的算术平均值,按压力与含气量关系曲线查得集料的含气量C(精确至0.1%)作为试验结果。当仍大于0.2%时,须重作试验。

4 试验结果

含气量按下式计算:

$$A = A_1 - C \quad (T0526\text{-}1)$$

式中:A——混凝土拌合物含气量(%);
A_1——仪器测定含气量(%);
C——集料含气量(%)。
结果精确至0.1%。

5 试验报告

试验报告应包括以下内容:
(1)要求检测的项目名称,执行标准;
(2)原材料的品种、规格和产地以及混凝土配合比;
(3)试验日期及时间;
(4)仪器设备的名称、型号及编号;
(5)环境温度和湿度;
(6)搅拌方式;
(7)水泥混凝土拌合物含气量;
(8)要说明的其它内容。

条文说明

本方法参照 ASTM C 231—78 修改，但在本方法中没有采用 ASTM C 231—78 中的气压式含气量测定仪，而采用混合式含气量测定仪。混合式含气量测定仪与气压式含气量测定仪区别在于，混凝土试样顶面与锥盖间的空间用水注满，由于水不可压缩，从而减少了试验误差。

含气量测试方法可分为水压法和气压法，由于水压法操作比较繁琐且检测数据不准，所以没有列入本方法。混合式方法属压力法测定拌合物含气量，这个方法的基本原理是混凝土受到一定压力时，通过测定其体积变化的大小，并使用 Boyle's 原理计算含气量。

上述方法只能测定总含气量，而不能区分引入空气与截入空气。GBJ 80—85 中列出了最大含气量，对于有抗冻要求和抗盐要求的混凝土路面的含气量应尽量靠近最大限值。

T 0527—2005 水泥混凝土拌合物凝结时间试验方法

(Standard Test Method for Time of Setting of Concrete Mixtures by Penetration Resistance)

1 目的、适用范围和引用标准

本方法规定了测定水泥混凝土拌合物凝结时间的方法，以控制现场施工流程。

本方法适用于各通用水泥和常见外加剂以及不同水泥混凝土配合比、坍落度值不为零的水泥混凝土拌合物的凝结时间测定。

引用标准：

GB/T 50080—2002 《普通混凝土拌合物性能试验方法标准》

GB/T 6005—1997 《试验筛 金属丝编织网、穿孔板和电成型薄板筛孔的基本尺寸》

JG 3021—1994 《水泥混凝土坍落度仪》

T 0521—2005 《水泥混凝土拌合物的拌和与现场取样方法》

2 仪器设备

(1) 贯入阻力仪：如图 T0527-1 所示，最大测量值不小于 1000N，刻度盘分度值为 10N。

(2) 测针：长约 100mm，平面针头圆面积为 100mm^2、50mm^2 和 20mm^2 三种，在距离贯入端 25mm 处刻有标记。

(3) 试模：上口径为 160mm，下口径为 150mm，净高 150mm 的刚性容器，并配有盖子。

(4) 捣棒：直径 16mm，长 650mm，符合 JG 3021 的规定。

(5) 标准筛：孔径 4.75mm，符合 GB/T 6005—1997《试验筛 金属丝编织网、穿孔板和电成型薄板筛孔的基本尺寸》规定的金属方孔筛。

(6) 其它：铁制拌合板、吸液管和玻璃片。

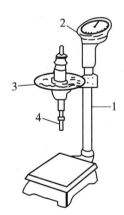

图 T0527-1 贯入阻力仪示意图
1-主体；2-刻度盘；3-手轮；4-测针

3 试样制备

3.1 取混凝土拌合物代表样,用 4.75mm 筛尽快地筛出砂浆,再经人工翻拌后,装入一个试模。每批混凝土拌合物取一个试样,共取三个试样,分装三个试模。

3.2 对于坍落度不大于 70mm 的混凝土宜用振动台振实砂浆,振动应持续到表面出浆为止且应避免过振;对于坍落度大于 70mm 的宜用捣棒人工捣实,沿螺旋方向由外向中心均匀插捣 25 次,然后用橡皮锤轻击试模侧面以排除在捣实过程中留下的空洞。进一步整平砂浆的表面,使其低于试模上沿约 10mm,砂浆试样筒应立即加盖。

3.3 试件静置于温度 20℃±2℃ 或尽可能与现场相同的环境中,并在以后的试验中,环境温度始终保持 20℃±2℃。在整个测试过程中,除在吸取泌水或贯入试验外,试筒应始终加盖。

3.4 约 1h 后,将试件一侧稍微垫高约 20mm,使其倾斜静置约 2min,用吸管吸去泌水。以后每到测试前约 2min,同上步骤用吸管吸去泌水(低温或缓凝的混凝土拌合物试样,静置与吸水间隔时间可适当延长)。若在贯入测试前还有泌水,也应吸干。

4 试验步骤

4.1 将试件放在贯入阻力仪底座上,记录刻度盘上显示的砂浆和容器总质量。

4.2 根据试样的贯入阻力大小,选择适宜的测针。一般当砂浆表面测孔边出现微裂缝时,应立即改换较小截面积的测针,如表 T0527-1。

表 T0527-1 测针选用参考

单位面积贯入阻力(MPa)	0.2~3.5	3.5~20.0	20.0~28.0
平头测针圆面积(mm²)	100	50	20

4.3 先使测针端面刚刚接触砂浆表面,然后转动手轮,使测针在 10s±2s 内垂直且均匀地插入试样内,深度为 25 mm±2mm,记下刻度盘显示的增量,精确至 10N。并记下从开始加水拌和起所经过的时间(精确至 1min)及环境温度(精确至 0.5℃)。

测定时,测针应距试模边缘至少 25mm,测针贯入砂浆各点间净距至少为所用测针直径的两倍且不小于 15mm。三个试模每次各测 1~2 点,取其算术平均值为该时间的贯入阻力值。

4.4 每个试样作贯入阻力试验应在 0.2MPa~28MPa 间,且不小于六次,最后一次的单位面积贯入阻力应不低于 28MPa。从加水拌和时算起,常温下普通混凝土 3h 后开始测定,以后每次间隔为 0.5h;早强混凝土或在气温较高的情况下,则宜在 2h 后开始测定,以后每隔 0.5h 测一次;缓凝混凝土或在低温情况下,可在 5h 后开始测定,每隔 2h 测一次。在临近初凝、终凝时可增加测定次数。

5 试验结果

5.1 单位面积贯入阻力 f_{PR} 按下式计算:

$$f_{PR} = \frac{P}{A} \tag{T0527-1}$$

式中:f_{PR}——单位面积贯入阻力(MPa);
    P——测针贯入深度为 25mm 时的贯入压力(N);
    A——贯入测针截面面积(mm^2)。
计算应精确至 0.1MPa。

5.2 以单位面积贯入阻力为纵坐标,测试时间为横坐标,绘制单位面积贯入阻力与测试时间关系曲线。经 3.5MPa 及 28MPa 画两条平行于横坐标的直线,则直线与曲线相交点的横坐标即为初凝及终凝时间。见示意图 T0527-2。

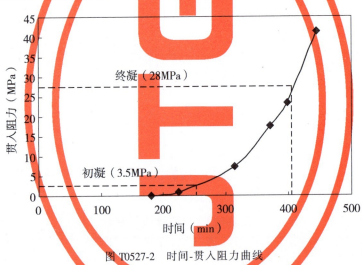

图 T0527-2 时间-贯入阻力曲线

5.3 凝结时间取三个试样的平均值。三个测值中的最大值或最小值,如果有一个与中间值之差超过中间值的 10%,则以中间值为试验结果;如果最大值和最小值与中间值之差均超过中间值的 10%时,则此试验无效。

凝结时间用 h:min 表示,并精确至 5min。

6 试验报告

试验报告应包括以下内容:
(1)要求检测的项目名称、执行标准;
(2)原材料的品种、规格和产地以及混凝土配合比;
(3)试验日期及时间;
(4)仪器设备的名称、型号及编号;

(5)环境温度和湿度;

(6)每次贯入阻力试验时对应的环境温度、时间、贯入压力、测针面积和计算出来的贯入阻力值;

(7)贯入阻力和时间曲线、初凝时间和终凝时间;

(8)要说明的其它内容。

条文说明

本方法参照 GB/T 50080—2002 和 ASTM C 403/C 403M—1999 制订,但在所使用测针方面,没有采用 ASTM C 403 的横截面积($654mm^2$、$323mm^2$、$161mm^2$、$65mm^2$、$32mm^2$、$16mm^2$),而是采用 $100mm^2$、$50mm^2$、$20mm^2$ 系列。本方法和 ASTM C 403 都认为在贯入 1in(25mm)时的压力与面积比,为 3.5MPa 达到初凝,而压力与面积比为 28MPa 达到终凝对应标准。

初凝时间大致相当于混凝土拌合物不再适于正常浇灌的时间,终凝时间接近于硬化开始的时间。凝结基本上由 C_3S 的水化作用所控制。在初凝以前新拌混凝土拌合物将失去一定的坍落度,而终凝之后一段时间内将获得适当的强度。

T 0528—2005 水泥混凝土拌合物泌水试验方法
(Standard Test Method for Bleeding of Freshly Mixed Concrete)

1 目的、适用范围和引用标准

本方法规定了测定水泥混凝土拌合物泌水性的方法和步骤。

本方法适用于集料公称最大粒径不大于 31.5mm 的水泥混凝土拌合物泌水的测定。

引用标准:

GB/T 50080—2002 《普通混凝土拌合物性能试验方法标准》

JG 3021—1994 《水泥混凝土坍落度仪》

T 0521—2005 《水泥混凝土拌合物的拌和与现场取样方法》

2 仪器设备

(1)试样筒:试样筒为刚性金属圆筒,两侧装有把手,筒壁坚固且不漏水。对于集料公称最大粒径不大于 31.5mm 的拌合物采用 5L 的试样筒,其内径与内高均为 186mm±2mm,壁厚为 3mm,并配有盖子。对于集料公称最大粒径大于 31.5mm 的拌合物采用的试样筒,其内径与内高均应大于集料公称最大粒径的 4 倍。

(2)台秤:量程为 50kg,感量为 50g。

(3)量筒:容量为 10mL、50 mL、100 mL 的量筒及吸管,量筒分度值均为 1 mL。

(4)捣棒:符合 JG 3021—1994 的规定。

(5)秒表:分度值为 1s。

3 试验步骤

3.1 试验中室温应保持在 20℃ ± 2℃。

3.2 应用湿布湿润试样筒内壁后立即称量,记录试样筒的质量。再将混凝土试样装入试样筒,混凝土的装料及捣实方法如下:

3.2.1 坍落度不大于 70mm,用振动台振实。将试样一次装入试样筒内,开启振动台,振动应持续到表面出浆为止,且应避免过振;并使混凝土拌合物低于试样筒表面 30mm ± 3mm,并用抹刀抹平,抹平后立即称量并记录试样筒与试样的总质量,开始计时。

3.2.2 坍落度大于 70mm,用捣棒捣实。混凝土拌合物应分两层装入,每层的插捣次数为 25 次;捣棒由边缘向中心均匀地插捣,插捣底层时捣棒应贯穿整个深度,插捣第二层时,捣棒应插透本层至下一层的表面;每一层捣完后用橡皮锤轻轻敲击容器外壁 5~10 次,直到拌合物表面插捣孔消失并不见大气泡为止;并使混凝土拌合物表面低于试样筒表面 30mm ± 3mm,并用抹刀抹平,抹平后立即称量并记录试样筒与试样的总质量,开始计时。

3.3 保持试样筒水平且不振动,试验过程中除了吸水操作外,应始终盖好盖子。

3.4 拌合物加水拌和开始计时,从计时开始后的 60min 内,每 10min 吸取一次试样表面渗出的水。60min 后,每 30min 吸取一次试样表面渗出的水,直到认为不再泌水为止。为便于吸水,每次吸水前 2min,将一片 35mm 厚的垫块垫入筒底一侧使其倾斜;吸水后,恢复水平。吸出的水放入量筒中,记录每次吸水的水量并计算吸水累计总量,精确到 1mL。当吸水累计总量用质量表述时,用 W_w 表示。

4 试验结果

4.1 泌水量按下式计算:

$$B_a = \frac{V}{A} \quad (T0528\text{-}1)$$

式中:B_a——泌水量(mL/mm²);
V——吸水累计总量(mL);
A——试件外露表面面积(mm²)。

计算精确至 0.01mL/mm²。泌水量取三个试样的平均值。如果其中一个与中间值之差超过中间值的 15%,则以中间值为试验结果。如果最大值和最小值与中间值之差均超过中间值的 15%,则试验无效。

4.2 泌水率按下式计算:

$$B = \frac{W_w}{(W/m)(m_1 - m_0)} \times 100 \qquad (T0528\text{-}2)$$

式中：B——泌水率（%）；

W_w——累计吸水总量(g)；

m——拌合混凝土时，拌合物总质量(g)；

W——拌合混凝土时，拌合物所需总用水量(g)；

m_1——泌水前试样筒及试样总质量(g)；

m_0——试样筒质量(g)。

计算精确至1%。泌水率取三个试样的平均值。如果其中一个与中间值之差超过中间值的15%，则以中间值为试验结果。如果最大值和最小值与中间值之差均超过中间值的15%，则试验无效。

5 试验报告

试验报告应包括以下内容：

(1)要求检测的项目名称、执行标准；
(2)原材料的品种、规格和产地以及混凝土配合比；
(3)试验日期及时间；
(4)仪器设备的名称、型号及编号；
(5)环境温度和湿度；
(6)搅拌方式；
(7)水泥混凝土拌合物总用水量和总质量；
(8)试样筒质量、试样筒和试样总质量；
(9)每次吸水时间和对应的吸水量；
(10)泌水量和泌水率；
(11)要说明的其它内容。

条文说明

本方法参照 GB/T 50080—2002 和 ASTM C 232—92 修改。泌水(Bleeding)通常是由于新拌混凝土内部集料颗粒沉淀所引起，集料颗粒不能保持所有拌合水。

T 0529—2005 水泥混凝土拌合物配合比分析试验方法

(Standard Test Method for Analysis the Constitute of Concrete Mixture)

1 目的、适用范围和引用标准

本方法规定了水泥混凝土拌合物配合比分析试验的仪器设备和试验步骤。

本方法适用于用水洗分析法测定普通水泥混凝土拌合物中四组分（水泥、水、砂、石）的含量,但不适用于集料含泥量波动较大以及用特细砂和山砂配制的水泥混凝土。

引用标准：

JTG E42—2005 《公路工程集料试验规程》

T 0521—2005 《水泥混凝土拌合物的拌和与现场取样方法》

T 0525—2005 《水泥混凝土拌合物表观密度试验方法》

T 0503—2005 《水泥密度测定方法》

GB/T 50080—2002 《普通混凝土拌合物性能试验方法标准》

2 仪器设备

(1)广口瓶:容积为 2000 mL 的玻璃瓶,并配有玻璃盖板。

(2)台秤:量程为 50kg,感量为 50g;

(3)电子秤:量程不小于 5kg,感量不大于 1g;

(4)试样筒:符合 T 0525 要求的容积为 5L 和 10L 的试样筒并配有玻璃盖板;

(5)标准筛:孔径为 4.75mm 和 0.15mm 标准筛各一个。

3 在进行本试验前,应对混凝土下列原材料进行相关项目的试验与测定：

3.1 水泥表观密度试验,按 T 0503《水泥密度测定方法》进行。

3.2 粗集料、细集料的表观密度试验,按《公路工程集料试验规程》试验。

3.3 细集料修正系数按下述方法测定：

向广口瓶中注水至筒口,再一边加水一边徐徐推进玻璃板,注意玻璃板下不带有任何气泡,盖严后擦净板面和广口瓶壁的余水,如玻璃板下有气泡,必须排除。测定广口瓶、玻璃板和水的总质量。取具有代表性的两个细集料试样,每个试样的质量为 2kg,精确至 1g。分别倒入盛水的广口瓶中,充分搅拌、排气后浸泡约半小时;然后向广口瓶中注水至筒口,再一边加水一边徐徐推进玻璃板,注意玻璃板下不得带有任何气泡,盖严后擦净板面和瓶壁的余水,称得广口瓶、玻璃板、水和细集料的总质量。则细集料在水中的质量为：

$$m_{ys} = m_{ks} - m_p \quad (T0529\text{-}1)$$

式中：m_{ys}——细集料在水中的质量(g);

m_{ks}——细集料和广口瓶、水及玻璃板的总质量(g);

m_p——广口瓶、玻璃板和水的总质量(g)。

应以两个试样试验结果的算术平均值作为测定值,计算应精确至 1g。

然后用 0.15mm 的标准筛将细集料过筛,用以上同样的方法测得大于 0.15mm 细集料在水中的质量：

$$m_{ysl} = m_{ksl} - m_p \quad (T0529\text{-}2)$$

式中：m_{ysl}——大于 0.15mm 的细集料在水中的质量(g)；

m_{ksl}——大于 0.15mm 的细集料和广口瓶、水及玻璃板的总质量(g)；

m_p——广口瓶、玻璃板和水的总质量(g)。

应以两个试样试验结果的算术平均值作为测定值，计算应精确至 1g。

细集料修正系数为：

$$C_s = \frac{m_{ys}}{m_{ysl}} \quad (T0529\text{-}3)$$

式中：C_s——细集料修正系数；

m_{ys}——细集料在水中的质量(g)；

m_{ysl}——大于 0.15mm 的细集料在水中的质量(g)。

计算精确至 0.01。

4 水泥混凝土拌合物的取样

4.1 水泥混凝土拌合物的取样应按 T 0521 的规定进行。

4.2 当水泥混凝土中粗集料的公称最大粒径 ≤ 37.5mm 时，混凝土拌合物的取样量 ≥ 50kg，混凝土中粗集料公称最大粒径 > 37.5mm 时，混凝土拌合物的取样量 ≥ 100kg。

4.3 进行混凝土配合比(水洗法)分析时，当混凝土中粗集料公称最大粒径 ≤ 37.5mm 时，每份取 12kg 试样；当混凝土中粗集料的公称最大粒径 > 37.5mm 时，每份取 15kg 试样。剩余的混凝土拌合物试样，按 T 0525 的规定，进行拌合物表观密度的测定，并测量其体积 V。

5 试验步骤

5.1 整个试验过程的环境温度应在 15℃ ~ 25℃ 之间，从最后加水至试验结束，温差不应超过 2℃；试验至少进行两次。

5.2 用试样筒称取质量为 m_0 的混凝土拌合物试样，精确至 50g 并应符合第 4 条中的有关规定；然后按下式计算混凝土拌合物试样的体积：

$$V = \frac{m_0}{\rho_h} \quad (T0529\text{-}4)$$

式中：V——试样的体积(cm^3)；

m_0——试样的质量(g)；

ρ_h——混凝土拌合物的表观密度(g/cm^3)。

5.3 把试样筒中混凝土拌合物和水的混合物全部移到 4.75mm 筛上水洗过筛，水洗时，要用水将筛上粗集料仔细冲洗干净，粗集料上不得粘有砂浆，筛子应备有不透水的底盘,以收集全部冲洗过筛的砂浆与水的混合物,称量洗净的粗集料试样质量 m_g。粗集料表观密度符号为 ρ_g,单位 g/cm³。

5.4 将全部冲洗过筛的砂浆与水的混合物全部移到试样筒中,加水至试样筒三分之二高度,用棒搅拌,以排除其中的空气;如水面上有不能破裂的气泡,可以加入少量的异丙醇试剂以消除气泡;让试样静止 10min 以使固体物质沉积于容器底部。加水至满,再一边加水一边徐徐推进玻璃板,注意玻璃板下不得带有任何气泡,盖严后应擦净板面和筒壁的余水。称出砂浆与水的混合物和试样筒、水及玻璃板的总质量。应按下式计算砂浆在水中的质量:

$$m'_m = m_k - m_D \tag{T0529-5}$$

式中:m'_m——砂浆在水中的质量(g);

m_k——砂浆与水的混合物和试样筒、水及玻璃板的总质量(g);

m_D——试样筒、玻璃板和水的总质量(g)。

计算应精确至 1g。

5.5 将试样筒中的砂浆与水的混合物在 0.15mm 筛上冲洗,然后将在 0.15mm 筛上洗净的细集料全部移至广口瓶中,加水至满,再一边加水一边徐徐推进玻璃板,注意玻璃板下不得带有任何气泡,盖严后应擦净板面和瓶壁的余水;称出细集料试样、广口瓶、水及玻璃板总质量,应按下式计算细集料在水中的质量:

$$m'_s = C_s(m_{ks} - m_p) \tag{T0529-6}$$

式中:m'_s——细集料在水中的质量(g);

C_s——细集料修正系数;

m_{ks}——细集料试样、广口瓶、水及玻璃板总质量(g);

m_p——广口瓶、玻璃板和水的总质量(g)。

计算应精确至 1g。

6 试验结果

混凝土拌合物中四种组分的结果计算及确定应按下述方法进行:

6.1 混凝土拌合物试样中四种组分的质量应按以下公式计算:

6.1.1 试样中的水泥质量应按下式计算:

$$m_c = (m'_m - m'_s) \times \frac{\rho}{\rho - 1} \tag{T0529-7}$$

式中:m_c——试样中的水泥质量(g);

m'_m——砂浆在水中的质量(g);

m'_s——细集料在水中的质量(g);

ρ——水泥的密度(g/cm³)。

计算应精确至1g。

6.1.2 试样中细集料的质量应按下式计算

$$m_s = m'_s \times \frac{\rho_s}{\rho_s - 1} \qquad (T0529\text{-}8)$$

式中：m_s——试样中细集料的质量(g);

m'_s——细集料在水中的质量(g);

ρ_s——处于干燥状态下的细集料的密度(g/cm³)。

计算应精确至1g。

6.1.3 试样中的水的质量应按下式计算

$$m_w = m_0 - (m_g + m_s + m_c) \qquad (T0529\text{-}9)$$

式中：m_w——试样中的水的质量(g);

m_0——拌合物试样质量(g);

m_g、m_s、m_c——分别为试样中粗集料、细集料和水泥的质量(g)。

计算应精确至1g。

6.1.4 混凝土拌合物试样中粗集料的质量应按第5.3条中得出的粗集料质量 m_g，单位g。

6.2 混凝土拌合物中水泥、水、粗集料、细集料的单位用量，分别按下式计算

$$C = \frac{m_c}{V} \times 1000 \qquad (T0529\text{-}10)$$

$$W = \frac{m_w}{V} \times 1000 \qquad (T0529\text{-}11)$$

$$G = \frac{m_g}{V} \times 1000 \qquad (T0529\text{-}12)$$

$$S = \frac{m_s}{V} \times 1000 \qquad (T0529\text{-}13)$$

式中：C、W、G、S——分别为水泥、水、粗集料、细集料的单位用量(kg/m³);

m_c、m_w、m_g、m_s——分别为试样中水泥、水、粗集料、细集料的质量(g);

V——试样体积(cm³)。

计算应精确至1kg/m³。

6.3 以两个试样试验结果的算术平均值作为测定值，两次试验结果差值的绝对值应符

合下列规定:水泥≤6kg/m³;水≤4kg/m³;砂≤20kg/m³;石≤30kg/m³,否则此次试验无效。

7 试验报告

试验报告应包括以下内容:
(1)要求检测的项目名称、执行标准;
(2)原材料的品种、规格和产地;
(3)仪器设备的名称、型号及编号;
(4)环境温度和湿度;
(5)试样的质量;
(6)水泥的密度;
(7)粗集料和细集料的表观密度;
(8)试样中水泥、水、细集料和粗集料的质量;
(9)水泥混凝土拌合物中水泥、水、粗集料和细集料的单位用量;
(10)水泥混凝土拌合物水灰比;
(11)其它要说明的问题。

条文说明

本方法参照 GB/T 50080—2002 编制,为了确认水泥混凝土拌合物的水灰比以及配合比特增加此方法。

5 硬化水泥混凝土性能试验

T 0551—2005 水泥混凝土试件制作与硬化水泥混凝土现场取样方法
(Standard Practice for Making and Curing Concrete Test Specimens in the Laboratory)

1 目的、适用范围和引用标准

本方法规定了在常温环境中室内试验时水泥混凝土试件制作与硬化水泥混凝土现场取样方法。

轻质水泥混凝土、防水水泥混凝土、碾压混凝土等其它特种水泥混凝土的制作与硬化水泥混凝土现场取样方法,可以参照本方法进行,但因其特殊性所引起的对试验设备及方法的特殊要求,均应遵照对这些水泥混凝土试件制作和取样的有关技术规定进行。

引用标准:
GB/T 2611—1992 《试验机通用技术要求》
GB/T 3722—1992 《液压式压力试验机》
GB/T 50081—2002 《普通混凝土力学性能试验方法标准》
JG 3019—1994 《混凝土试模》
JG/T 3020—1994 《混凝土试验用振动台》
JG 3021—1994 《水泥混凝土坍落度仪》
T 0521—2005 《水泥混凝土拌合物的拌和与现场取样方法》

2 仪器设备

(1)搅拌机:自由式或强制式。

(2)振动台:标准振动台,应符合《混凝土试验用振动台》要求。

(3)压力机或万能试验机:压力机除符合《液压式压力试验机》(GB/T 3722)及《试验机通用技术要求》(GB/T 2611)中的要求外,其测量精度为±1%,试件破坏荷载应大于压力机全量程的20%且小于压力机全量程的80%。同时应具有加荷速度指示装置或加荷速度控制装置。上下压板平整并有足够刚度,可以均匀地连续加荷卸荷,可以保持固定荷载,开机停机均灵活自如,能够满足试件破型吨位要求。

(4)球座:钢质坚硬,面部平整度要求在100mm距离内高低差值不超过0.05mm,球面及球窝粗糙度 $R_a = 0.32\mu m$,研磨、转动灵活。不应在大球座上作小试件破型,球座最好放置在试件顶面(特别是棱柱试件),并凸面朝上,当试件均匀受力后,一般不宜再敲动球座。

(5)试模

①非圆柱试模:应符合《混凝土试模》(JG 3019—1994),内表面刨光磨光(粗糙度 $R_a = 3.2\mu m$)。

内部尺寸允许偏差为 ±0.2%;相邻面夹角为 90°±0.3°。试件边长的尺寸公差为 1mm。

②圆柱试模:直径误差小于 $\frac{1}{200}d$,高度误差应小于 $\frac{1}{100}h$。试模底板的平面度公差不超过 0.02mm。组装试模时,圆筒纵轴与底板应成直角,允许公差为 0.5°。

为了防止接缝处出现渗漏,要使用合适的密封剂,如黄油。并采用紧固方法使底板固定在模具上。

常用的几种试件尺寸(试件内部尺寸)规定如表 T0551-1。所有试件承压面的平面度公差不超过 0.0005d(d 为边长)。

表 T0551-1 试件尺寸

试件名称	标准尺寸(mm)	非标准尺寸(mm)
立方体抗压强度试件	150×150×150(31.5)	100×100×100(26.5) 200×200×200(53)
圆柱抗压强度试件	φ150×300(31.5)	φ100×200(26.5) φ200×400(53)
芯样抗压强度试件	φ150×l_m(31.5)	φ100×l_m(26.5)
立方体劈裂抗拉强度试件	150×150×150(31.5)	100×100×100(26.5)
圆柱劈裂抗拉强度试件	φ150×300(31.5)	φ100×200(26.5) φ200×400(53)
芯样劈裂强度试件	φ150×l_m(31.5)	φ100×l_m(26.5)
轴心抗压强度试件	150×150×300(31.5)	200×200×400(53) 100×100×300(26.5)
抗压弹性模量试件	150×150×300(31.5)	200×200×400(53) 100×100×300(26.5)
圆柱抗压弹性模量试件	φ150×300(31.5)	φ100×200(26.5) φ200×400(53)
抗弯拉强度试件	150×150×600(31.5) 150×150×550(31.5)	100×100×400(26.5)
抗弯拉弹性模量试件	150×150×600(31.5) 150×150×550(31.5)	100×100×400(26.5)
水泥混凝土干缩试件	100×100×515(19)	150×150×515(31.5) 200×200×515(50)
抗渗试件	上口直径175mm,下口直径185mm,高 150mm 的锥台	上下直径与高度均为 150mm 的圆柱体

注:括号中的数字为试件中集料公称最大粒径,单位 mm。标准试件的最短尺寸大于公称最大粒径 4 倍。

(6)捣棒：符合《水泥混凝土坍落度仪》(JG 3021)中有关技术要求，为直径16mm、长约600mm并具有半球形端头的钢质圆棒。

(7)压板：用于圆柱试件的顶端处理，一般为厚6mm以上的毛玻璃，压板直径应比试模直径大25mm以上。

(8)橡皮锤：应带有质量约250g的橡皮锤头。

(9)钻孔取样机：钻机一般用金刚石钻头，从结构表面垂直钻取，钻机应具有足够的刚度，保证钻取的芯样周面垂直且表面损伤最少。钻芯时，钻头应作无显著偏差的同心运动。

(10)锯：用于切割适于抗弯拉试验的试件。

(11)游标卡尺。

3 非圆柱体试件成型

3.1 水泥混凝土的拌合参照 T 0521—2005《水泥混凝土拌合物的拌和与现场取样方法》。成型前试模内壁涂一薄层矿物油。

3.2 取拌合物的总量至少应比所需量高20%以上，并取出少量混凝土拌合物代表样，在5min内进行坍落度或维勃试验，认为品质合格后，应在15min内开始制件或作其它试验。

3.3 对于坍落度小于25mm时[注]，可采用φ25mm的插入式振捣棒成型。将混凝土拌合物一次装入试模，装料时应用抹刀沿各试模壁插捣，并使混凝土拌合物高出试模口；振捣时振捣棒距底板10mm~20mm，且不要接触底板。振捣直到表面出浆为止，且应避免过振，以防止混凝土离析，一般振捣时间为20s。振捣棒拔出时要缓慢，拔出后不得留有孔洞。用刮刀刮去多余的混凝土，在临近初凝时，用抹刀抹平。试件抹面与试模边缘高低差不得超过0.5mm。

注：这里不适用于用水量非常低的水泥混凝土；同时不适于直径或高度不大于100mm的试件。

3.4 当坍落度大于25mm且小于70mm时，用标准振动台成型。将试模放在振动台上夹牢，防止试模自由跳动，将拌合物一次装满试模并稍有富余，开动振动台至混凝土表面出现乳状水泥浆时为止，振动过程中随时添加混凝土使试模常满，记录振动时间（约为维勃秒数的2~3倍，一般不超过90s）。振动结束后，用金属直尺沿试模边缘刮去多余混凝土，用镘刀将表面初次抹平，待试件收浆后，再次用镘刀将试件仔细抹平，试件抹面与试模边缘的高低差不得超过0.5mm。

3.5 当坍落度大于70mm时，用人工成型。拌合物分厚度大致相等的两层装入试模。捣固时按螺旋方向从边缘到中心均匀地进行。插捣底层混凝土时，捣棒应到达模底；插捣上层时，捣棒应贯穿上层后插入下层20mm~30mm处。插捣时应用力将捣棒压下，保持捣棒垂直，不得冲击，捣完一层后，用橡皮锤轻轻击打试模外端面10~15下，以填平插捣过程中留下的孔洞。

每层插捣次数100cm²截面积内不得少于12次。试件抹面与试模边缘高低差不得超过0.5mm。

4 圆柱体试件制作

4.1 水泥混凝土的拌和参照 T 0521—2005《水泥混凝土拌合物的拌和与现场取样方法》。成型前试模内壁涂一薄层矿物油。

4.2 取拌合物的总量至少应比所需量高20%以上,并取出少量混凝土拌合物代表样,在5min内进行坍落度或维勃试验,认为品质合格后,应在15min内开始制件或作其它试验。

4.3 对于坍落度小于25mm时[注],可采用ϕ25mm的插入式振捣棒成型。拌合物分厚度大致相等的两层装入试模。以试模的纵轴为对称轴,呈对称方式填料。插入密度以每层分三次插入。振捣底层时,振捣棒距底板10mm~20mm且不要接触底板;振捣上层时,振捣棒插入该层底面下15mm深。振捣直到表面出浆为止,且应避免过振,以防止混凝土离析。一般时间为20s。捣完一层后,如有棒坑留下,可用橡皮锤敲击试模侧面10~15下。振捣棒拔出时要缓慢。用刮刀刮去多余的混凝土,在临近初凝时,用抹刀抹平,使表面略低于试模边缘1mm~2mm。

注:这里不适于用水量非常低的水泥混凝土;同时不适于直径或高度不大于100mm的试件。

4.4 当坍落度大于25mm且小于70mm时,用标准振动台成型。将试模放在振动台上夹牢,防止试模自由跳动,将拌合物一次装满试模并稍有富余,开动振动台至混凝土表面出现乳状水泥浆时为止。振动过程中随时添加混凝土使试模常满,记录振动时间(约为维勃秒数的2~3倍,一般不超过90s)。振动结束后,用金属直尺沿试模边缘刮去多余混凝土,用镘刀将表面初次抹平,待试件收浆后,再次用镘刀将试件仔细抹平,使表面略低于试模边缘1mm~2mm。

4.5 当坍落度大于70mm时,用人工成型。

对于试件直径为200mm时,拌合物分厚度大致相等的三层装入试模。以试模的纵轴为对称轴,呈对称方式填料。每层插捣25下,捣固时按螺旋方向从边缘到中心均匀地进行。插捣底层时,捣棒应到达模底,插捣上层时,捣棒插入该层底面下20mm~30mm处。插捣时应用力将捣棒压下,不得冲击,捣完一层后,如有棒坑留下,可用橡皮锤敲击试模侧面10~15下。用镘刀将试件仔细抹平,使表面略低于试模边缘1mm~2mm。

而对于试件直径为100mm或150mm时,分两层装料,各层厚度大致相等。试件直径为150mm时,每层插捣15下;试件直径为100mm时,每层插捣8下。捣固时按螺旋方向从边缘到中心均匀地进行。插捣底层时,捣棒应到达模底,插捣上层时,捣棒插入该层底面下15mm深。用镘刀将试件仔细抹平,使表面略低于试模边缘1mm~2mm。

当所确定的插捣次数使混凝土拌合物产生离析现象时,可酌情减少插捣次数至拌合物不产生离析的程度。

4.6 对试件端面应进行整平处理,但加盖层的厚度应尽量薄。

4.6.1 拆模前当混凝土具有一定强度后,用水洗去上表面的浮浆,并用干抹布吸去表面水之后,抹上干硬性水泥净浆,用压板均匀地盖在试模顶部。加盖层应与试件的纵轴垂直。为防止压板和水泥浆之间的粘结,应在压板下垫一层薄纸。

4.6.2 对于硬化试件的端面处理,可采用硬石膏或硬石膏和水泥的混合物,加水后平铺在端面,并用压板进行整平。在材料硬化之前,应用湿布覆盖试件。

注:也可采用下面任一方法抹顶:
①使用硫磺与矿质粉末的混合物(如耐火粘土粉、石粉等)在180℃~210℃间加热(温度更高时将使混合物烘成橡胶状,使强度变弱),摊铺在试件顶面,用试模钢板均匀按压,放置两小时以上即可进行强度试验;
②用环氧树脂拌水泥,根据需要硬化时间加入乙二胺,将此浆膏在试件顶面大致摊平,在钢板面上垫一层薄塑料膜,再均匀地将浆膏压平;
③在有充分时间时,也可用水泥浆膏抹顶,使用矾土水泥的养生时间在18h以上,使用硅酸盐水泥的养生时间在3d以上。

4.6.3 对不采用端部整平处理的试件,可采用切割的方法达到端面和纵轴垂直。整平后的端面应与试件的纵轴相垂直,端面的平整度公差在±0.1mm以内。

5 养护

5.1 试件成型后,用湿布覆盖表面(或其它保持湿度办法),在室温20℃±5℃,相对湿度大于50%的环境下,静放一个到两个昼夜,然后拆模并作第一次外观检查、编号,对有缺陷的试件应除去,或加工补平。

5.2 将完好试件放入标准养护室进行养护,标准养护室温度20℃±2℃,相对湿度在95%以上,试件宜放在铁架或木架上,间距至少10mm~20mm,试件表面应保持一层水膜,并避免用水直接冲淋。当无标准养护室时,将试件放入温度20℃±2℃的不流动的$Ca(OH)_2$饱和溶液中养护。

5.3 标准养护龄期为28d(以搅拌加水开始),非标准的龄期为1d、3d、7d、60d、90d、180d。

6 硬化水泥混凝土现场试样的钻取或切割取样

6.1 芯样的钻取

6.1.1 钻取位置:在钻取前应考虑由于钻芯可能导致的对结构的不利影响,应尽可能避免在靠近混凝土构件的接缝或边缘处钻取,且基本上不应带有钢筋。

6.1.2 芯样尺寸:芯样直径应为混凝土所用集料公称最大粒径的 4 倍,一般为 150mm ± 10mm 或 100mm ± 10mm。

对于路面,芯样长径比宜为 1.9 ~ 2.1。对于长径比超过 2.1 的试件,可减少钻芯深度;也可先取芯样长度与路面厚度相等,再在室内加工成为长径比为 2 的试件;对于长径比不足 1.8 的试件,可按不同试验项目分别进行修正。

6.1.3 标记:钻出后的每个芯样应立即清楚地编号,并记录所取芯样在混凝土结构中的位置。

6.2 切割

对于现场采取的不规则混凝土试块,可按表 T0551-1 所列棱柱体尺寸进行切割,以满足不同试验的需求。

6.3 检查

6.3.1 外观检查

每个芯样应详细描述有关裂缝、接缝、分层、麻面或离析等不均匀性,必要时应记录以下事项:

(1)集料情况:估计集料的最大粒径、形状及种类,粗细集料的比例与级配。
(2)密实性:检查并记录存在的气孔、气孔的位置、尺寸与分布情况,必要时应拍下照片。

6.3.2 测量

(1)平均直径 d_m:在芯样高度的中间及两个 1/4 处按两个垂直方向测量三对数值确定芯样的平均直径 d_m,精确至 1.0mm。
(2)平均长度 L_m:取芯样直径两端侧面测定钻取后芯样的长度及加工后的长度,其尺寸差应在 0.25mm 之内,取平均值作为试件平均长度 L_m,精确至 1.0mm。
(3)平均长、高、宽:对于切割棱柱体,分别测量所有边长,精确至 1.0mm。

条文说明

为规范混凝土试件的制作过程,特制定本方法。本方法规定了非圆柱试件和圆柱试件的试件尺寸,并规定标准试件的横截面最短尺寸应大于公称最大粒径4倍。

在试件成型时,本方法根据混凝土坍落度的不同,将成型方法分为小于 25mm、25mm ~ 70mm 和大于 70mm,分别提出不同成型方法。

对于圆形试件，由于要求两个端面保持平行，所以本方法给出试件端面处理方法，对端面进行整平处理。

由于硬化水泥混凝土的性能试验都涉及到压力机，而且压力机的工作性能显著影响着性能试验的最终结果，所以特别提出对压力机的要求。

在养护条件方面，标准养护室温度由20℃±3℃提高为20℃±2℃。由水中养护变为不流动的$Ca(OH)_2$饱和液中养护，温度为20℃±2℃。

T 0552—2005 碾压混凝土抗弯拉试件的制作方法
(Standard Practice for Making Roller-Compacted Concrete Specimens in the Laboratory)

1 目的、适用范围和引用标准

本方法规定了碾压混凝土抗弯拉试件制作的步骤。

本方法适于路面碾压混凝土抗弯拉试件成型。

引用标准：

JG 3019—1994 《水泥混凝土试模》

JG/T 3020—1994 《混凝土试验用振动台》

JG 3021—1994 《水泥混凝土坍落度仪》

2 仪器设备

2.1 改制平板振动器如图T0552-1所示。频率50Hz±3Hz，振幅1mm，功率1.1kW，质量约25kg。平板振动器下的压板应具有一定的刚度，其边长比试模尺寸小约5mm。

2.2 试模：内壁尺寸100mm×100mm×400mm或150mm×150mm×550mm或150mm×150mm×600mm，铸铁制成；内表面磨光，拆装方便，内部尺寸允许偏差为：棱边长度不超过1mm，直角不超过0.5°。模板应有足够的刚度，在加压振动作用下，不易变形。

2.3 套模：铸铁或钢制成，内轮廓尺寸与试模相同，高度约100mm，不易变形并能固定于试模上。

2.4 压板：如图T0552-2。板的长度与宽度分别比试模内壁尺寸小约5mm，厚度不小于15mm，上部焊有限位杆（可用钢筋或角钢）。

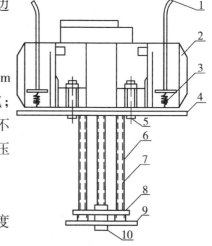

图 T0552-1 改制平板振动器的结构示意图

1-扶手；2-振捣器；3-弹簧；4-底板；5-螺栓；6-套管；7-螺杆；8-弹簧成型板；9-成型压板；10-压板连接螺栓

3 试件的制作

3.1 试验准备

3.1.1 检查改进平板振动器等试验器具,确认具有良好的工作状态。

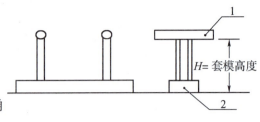

图 T0552-2 压板结构示意图
1-限位杆;2-压头

3.1.2 检查试模外形,应采用外形整齐并能拼装紧固的试模;将试模和套模擦净,内壁涂一薄层矿物油,并将套模紧固在试模上。

3.1.3 将试模编号,测定、记录试模内腔(长、宽、深)尺寸,应以3个不同部位(中间和两端)的平均值为结果,测量精确至0.1mm。

3.1.4 根据碾压混凝土的理论密度及试模内腔容积,按95%的压实率计算成型一个试件所需的试样质量。

3.2 试件成型

3.2.1 按所需试样用量称取有代表性的碾压混凝土试样,将试样分两层装入试模。装模时,应注意不使试样产生离析。每次试样入模后,先用镘刀沿试模内壁上下插捣一周,再用捣棒插捣。100mm×100mm×400mm的试件,每层插捣50下;150mm×150mm×550mm或150mm×150mm×600mm的试件,每层插捣100下。插捣按螺旋方向从边缘到中间均匀地进行。插捣下层时应插捣至模底,插捣上层时应插入下层2cm左右。插捣时应用力均匀,不得冲击。

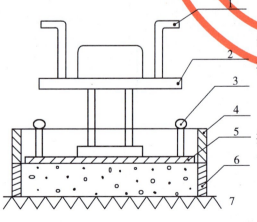

图 T0552-3 试件成型示意图
1-把手;2-平板振捣器;3-限位杆;4-套模;5-压板;6-试模;7-地面

3.2.2 将压板置于试样表面,把改制平板振动器放在压板上,打开振动器开关,振至试样与试模口齐平为止,图 T0552-3。

3.2.3 去掉压板和套模,用镘刀将试样表面抹光。

3.3 确认试件压实率

进行试件强度试验前,用游标卡尺测定其尺寸,高度和宽度至少测量3处取平均值,长度至少测量两处取平均值,用尺寸的平均值求出试件体积;将试件称重,最后求出试件的实测压实率。

$$P = [(G/V)/\rho_0] \times 100 \qquad (T0552-1)$$

式中：p——试件实测压实率(%)；

G——试件质量(kg)；

V——试件体积(m^3)；

ρ_0——碾压混凝土理论密度(kg/m^3)。

试验结果精确至0.1%。如果试件的实测压实率与设计值(95%)的误差超过1%，应适当调整试样，以使试件实测压实率达到规定要求。

条文说明

本方法参照国家八五攻关项目《高等级公路碾压混凝土路面成套技术》等成果制定。由于碾压混凝土抗弯拉试件的制作方法有所不同，特别强调在一定压实率下的试件成型，所以单独列为一个方法。对于其它成型方法可参照 ASTM C 1176—1992 Standard Practice for Making Roller-Compacted Concrete in Cylinder Molds Using a Vibrating Table(使用振动台在筒模中制作碾压混凝土) 和 C 1170—91 Standard Test Methods for Determining Consistency and Density of Roller-Compacted Concrete Using a Vibrating Table(使用振动台测定碾压混凝土的稠度和密度的试验方法)。

T 0553—2005 水泥混凝土立方体抗压强度试验方法
(Standard Test Method for Compressive Strength of Cubic Concrete Specimens)

1 目的、适用范围和引用标准

本方法规定了测定水泥混凝土抗压极限强度的方法和步骤。本方法可用于确定水泥混凝土的强度等级，作为评定水泥混凝土品质的主要指标。

本方法适于各类水泥混凝土立方体试件的极限抗压强度试验。

引用标准：

GB/T 2611—1992 《试验机通用技术要求》

GB/T 3722—1992 《液压式压力试验机》

T 0551—2005 《水泥混凝土试件制作与硬化水泥混凝土现场取样方法》

2 仪器设备

(1)压力机或万能试验机：应符合 T 0551 中 2.3 的规定。

(2)球座：应符合 T 0551 的 2.4 规定。

(3)混凝土强度等级大于等于 C60 时，试验机上、下压板之间应各垫一钢垫板，平面尺寸应不小于试件的承压面，其厚度至少为 25mm。钢垫板应机械加工，其平面度允许偏差 ±0.04mm；表面硬度大于等于 55HRC；硬化层厚度约 5mm。试件周围应设置防崩裂网罩。

3 试件制备和养护

3.1 试件制备和养护应符合 T 0551 中相关规定。

3.2 混凝土抗压强度试件尺寸符合 T 0551 中表 T0551-1 规定。

3.3 集料公称最大粒径符合 T 0551 中表 T0551-1 规定。

3.4 混凝土抗压强度试件应同龄期者为一组,每组为 3 个同条件制作和养护的混凝土试块。

4 试验步骤

4.1 至试验龄期时,自养护室取出试件,应尽快试验,避免其湿度变化。

4.2 取出试件,检查其尺寸及形状,相对两面应平行。量出棱边长度,精确至 1mm。试件受力截面积按其与压力机上下接触面的平均值计算。在破型前,保持试件原有湿度,在试验时擦干试件。

4.3 以成型时侧面为上下受压面,试件中心应与压力机几何对中。

4.4 强度等级小于 C30 的混凝土取 0.3MPa/s ~ 0.5MPa/s 的加荷速度;强度等级大于 C30 小于 C60 时,则取 0.5MPa/s ~ 0.8MPa/s 的加荷速度;强度等级大于 C60 的混凝土取 0.8MPa/s ~ 1.0MPa/s 的加荷速度。当试件接近破坏而开始迅速变形时,应停止调整试验机油门,直至试件破坏,记下破坏极限荷载 $F(\mathrm{N})$。

5 试验结果

5.1 混凝土立方体试件抗压强度按下式计算:

$$f_{cu} = \frac{F}{A} \qquad (T0553\text{-}1)$$

式中:f_{cu}——混凝土立方体抗压强度(MPa);
　　　F——极限荷载(N);
　　　A——受压面积(mm^2)。

5.2 以 3 个试件测值的算术平均值为测定值,计算精确至 0.1MPa。三个测值中的最大值或最小值中如有一个与中间值之差超过中间值的 15%,则取中间值为测定值;如最大值和最小值与中间值之差均超过中间值的 15%,则该组试验结果无效。

5.3 混凝土强度等级小于 C60 时,非标准试件的抗压强度应乘以尺寸换算系数(见表

T0553-1),并应在报告中注明。当混凝土强度等级大于等于C60时,宜用标准试件,使用非标准试件时,换算系数由试验确定。

表 T0553-1 立方体抗压强度尺寸换算系数

试件尺寸(mm)	尺寸换算系数	试件尺寸(mm)	尺寸换算系数
100×100×100	0.95	200×200×200	1.05

6 试验报告

试验报告应包括以下内容:
(1)要求检测的项目名称和执行标准;
(2)原材料的品种、规格和产地;
(3)仪器设备的名称、型号及编号;
(4)环境温度和湿度;
(5)水泥混凝土立方体抗压强度值;
(6)要说明的其它内容。

条文说明

本方法参照 ISO 4012—1978 修改。我国抗压强度方法基本上沿用 ISO 4012—1978 和 ISO 3893—1977 的方法。对于抗压试件的形状,ASTM C 39—96 中采用圆柱试件,ISO 4012—1978 中圆柱试件和立方体试件并用。我国和英国等欧洲国家采用立方体。

GBJ 107—87 将普通水泥混凝土按立方体抗压标准值分为 C7.5、C10、C15、C20、C25、C30、C35、C40、C45、C50、C55、C60 共 12 个等级。

T 0554—2005 水泥混凝土圆柱体轴心抗压强度试验方法

(Standard Test Method for Compressive Strength of Cylindrical Concrete Specimens)

1 目的、适用范围和引用标准

本方法规定了测定圆柱体水泥混凝土极限抗压强度的方法。
本方法适用于各类水泥混凝土的圆柱体试件及现场芯样的极限抗压强度试验。
引用标准:
GB/T 2611—1992 《试验机通用技术要求》
GB/T 3722—1992 《液压式压力试验机》
T 0551—2005 《水泥混凝土试件制作与硬化水泥混凝土现场取样方法》

2 仪器设备

(1)压力机或万能试验机:应符合 T 0551 中 2.3 的规定。

(2)球座:应符合 T 0551 的 2.4 规定。

(3)混凝土强度等级大于等于 C60 时,试验机上、下压板之间应各垫一钢垫板,平面尺寸应不小于试件的承压面,其厚度至少为 25mm。钢垫板应机械加工,其平面度允许偏差 ±0.04mm;表面硬度大于等于 55HRC;硬化层厚度约 5mm。试件周围应设置防崩裂网罩。

(4)游标卡尺:量程 300mm,分度值 0.02mm。

3 试件制备和养护

3.1 试件制备和养护应符合 T 0551 中相关规定。

3.2 混凝土抗压强度试件尺寸符合 T 0551 中表 T0551-1 规定。

3.3 集料公称最大粒径也应符合 T 0551 中表 T0551-1 规定。

3.4 对于现场芯样,长径比大于等于 1。适宜的长径比为 1.9~2.1,最大长径比不能超过 2.1。芯样最小直径为 100mm,直径至少是公称最大粒径的 2 倍。

3.5 混凝土抗压强度试件要求同龄期者为一组,每组为三个同条件制作和养护的混凝土试块。

4 试验步骤

4.1 圆柱试件在试验前,务必进行端面整平。

4.2 在破型前,保持试件原有湿度,在试验时擦干试件。测量其尺寸及外观。首先测量沿试件高度中央部位相互垂直的两个方向的直径,分别记为 d_1, d_2。再分别测量相互垂直两个方向直径端点的四个高度。

4.3 将试件置于上下压板之间,试件轴中心应与压力机几何对中。

4.4 强度等级小于 C30 的混凝土取 0.3MPa/s~0.5MPa/s 的加荷速度;强度等级大于 C30 小于 C60 时,则取 0.5MPa/s~0.8MPa/s 的加荷速度;强度等级大于 C60 的混凝土取 0.8MPa/s~1.0MPa/s 的加荷速度。当试件接近破坏而开始迅速变形时,应停止调整试验机油门,直至试件破坏,记下破坏极限荷载 $F(\mathrm{N})$。

5 试验结果

5.1 圆柱体试件抗压强度按下式计算:

$$f_{cc} = \frac{4F}{\pi d^2} \tag{T0554-1}$$

式中:f_{cc}——混凝土圆柱体抗压强度(MPa);
　　　F——极限荷载(N);
　　　d——试件计算直径(mm)。
　　其中 d 按下式计算:

$$d = \frac{d_1 + d_2}{2}$$

式中:d_1、d_2——为两个垂直方向的直径(mm),精确至 0.1mm。

5.2 以 3 个试件测值的算术平均值为测定值。三个测值中的最大值或最小值中有一个与中间值之差超过中间值的 15%,则取中间值为测定值;如最大值和最小值与中间值之差均超过中间值的 15%,则该组试验结果无效。结果计算精确至 0.1MPa。

5.3 混凝土强度等级小于 C60 时,非标准试件的抗压强度应乘以尺寸换算系数(见表 T0554-1),并应在报告中注明。当混凝土强度等级大于等于 C60 时,宜用标准试件,使用非标准试件时,换算系数由试验确定。

表 T0554-1　圆柱体抗压强度尺寸换算系数

试件尺寸(mm)	尺寸换算系数	试件尺寸(mm)	尺寸换算系数
$\phi 100 \times 200$	0.95	$\phi 200 \times 400$	1.05

5.4 对于现场采取的非标准芯样,有如下修正:
对于长径比不为 2 的试件,按表 T0554-2 修正。

表 T0554-2　抗压强度尺寸修正系数

长度与直径比,L/d	修正系数	说　明
2.00	1.00	
1.75	0.98	
1.50	0.96	当 L/d 为表列中间值时,修正系数可用插入法求得
1.25	0.93	
1.00	0.87	

注:本修正系数适用于强度介于 14MPa～40MPa 之间的混凝土。

6　试验报告

试验报告应包括以下内容:
(1)要求检测的项目名称、执行标准;
(2)原材料的品种、规格和产地;
(3)仪器设备的名称、型号及编号;
(4)环境温度和湿度;
(5)混凝土圆柱体抗压强度;

(6)要说明的其它内容。

条文说明

本方法参照 ISO 4012—1978、ASTM C 39—96 和 ASTM C 42/C 42M—99 修改。对于圆柱试件目前有 ASTM C 39 和 ISO 4012—1978 两种方法。为了和立方体抗压试件的试验方法一致,本方法采用 ISO 4012—1978 中的加载速率,而 ASTM C 39—96 加载速率较慢为 0.14 MPa/s~0.34 MPa/s,但基本上 ISO 4012—1978 的速率包括了 ASTM C 39—96 的速率。

由于在公路工程中,混凝土芯样常为圆柱体,所以本方法中补充了圆柱芯样的抗压强度。

ISO 4012—1978 的圆柱体和立方体试件抗压强度等级参照下表。

表 T0554-3　圆柱体和立方体试件强度等级

混凝土强度等级	28d 抗压强度(MPa)	
	圆柱体 ϕ150mm×300mm	立方体 150mm×150mm×150mm
C2/2.5	2.0	2.5
C4/5	4.0	5.0
C6/7.5	6.0	7.5
C8/10	8.0	10.0
C10/12.5	10.0	12.5
C12/15	12.0	15.0
C16/20	16.0	20.0
C20/25	20.0	25.0
C25/30	25.0	30.0
C30/35	30.0	35.0
C35/40	35.0	40.0
C40/45	40.0	45.0
C45/50	45.0	50.0
C50/55	50.0	55.0

标准立方体试件 150mm×150mm×150mm 的抗压强度一般比标准圆柱体试件 ϕ150mm×300mm 的抗压强度要高,约为 1.25 倍,通过上表可以近似得到标准立方体试件和标准圆柱体试件强度之间的换算关系,这个换算关系不能用于水泥混凝土强度等级评定时的转换依据。

对于现场的非标准芯样的修正采用 ASTM C 42/C 42M—1999 相应规定。

T 0555—2005　水泥混凝土棱柱体轴心抗压强度试验方法

(Standard Test Method for Static Strength of Concrete in Compression of Prism Concrete Specimens)

1　目的、适用范围和引用标准

本方法规定了测定棱柱体水泥混凝土轴心抗压强度的方法。

本方法适用于各类水泥混凝土的棱柱体试件。

引用标准：

GB/T 2611—1992 《试验机通用技术要求》

GB/T 3722—1992 《液压式压力试验机》

T 0551—2005 《水泥混凝土试件制作与硬化水泥混凝土现场取样方法》

2 仪器设备

(1)压力机或万能试验机：应符合 T 0551 中 2.3 的规定。

(2)球座：应符合 T 0551 的 2.4 规定。

(3)混凝土强度等级大于等于 C60 时，试验机上、下压板之间应各垫一钢垫板，平面尺寸应不小于试件的承压面，其厚度至少为 25mm。钢垫板应机械加工，其平面度允许偏差 ±0.04mm；表面硬度大于等于 55HRC；硬化层厚度约 5mm。试件周围应设置防崩裂网罩。

(4)钢尺：分度值为 1mm。

3 试件制备和养护

3.1 试件制备和养护应符合 T 0551 中相关规定。

3.2 混凝土轴心抗压强度试件尺寸符合 T 0551 中表 T0551-1 规定。

3.3 集料公称最大粒径符合 T 0551 中表 T0551-1 规定。

3.4 混凝土轴心抗压强度试件以同龄期者为一组，每组为 3 根同条件制作和养护的混凝土试件。

4 试验步骤

4.1 至试验龄期时，自养护室取出试件，用湿布覆盖，避免其湿度变化。在试验时擦干试件，测量其高度和宽度，精确至 1mm。

4.2 在压力机下压板上放好试件，几何对中。

4.3 强度等级小于 C30 的混凝土取 0.3MPa/s～0.5MPa/s 的加荷速度；强度等级大于 C30 小于 C60 时，则取 0.5MPa/s～0.8MPa/s 的加荷速度；强度等级大于 C60 的混凝土取 0.8MPa/s～1.0MPa/s 的加荷速度。当试件接近破坏而开始迅速变形时，应停止调整试验机油门，直至试件破坏，记下破坏极限荷载 $F(N)$。

5 试验结果

5.1 混凝土棱柱体轴心抗压强度 f_{cp} 按下式计算：

$$f_{cp} = \frac{F}{A} \qquad (T0555\text{-}1)$$

式中：f_{cp}——混凝土棱柱体轴心抗压强度（MPa）；

　　　F——极限荷载（N）；

　　　A——受压面积（mm²）。

结果计算精确至0.1MPa。

5.2 以3个试件测值的算术平均值为测定值。3个试件中最大值或最小值中如有一个与中间值之差超过中间值的15%，则取中间值为测定值；如最大值和最小值与中间值之差均超过中间值的15%，则该组试验结果无效。

5.3 采用非标准尺寸试件测得的轴心抗压强度，应乘以尺寸换算系数，对200mm×200mm截面试件为1.05；对100mm×100mm截面试件为0.95。当混凝土强度等级大于等于C60时，宜用标准试件。

6 试验报告

试验报告应包括以下内容：

(1) 要求检测的项目名称、执行标准；
(2) 原材料的品种、规格和产地；
(3) 仪器设备的名称、型号及编号；
(4) 环境温度和湿度；
(5) 混凝土轴心抗压强度值；
(6) 要说明的其它内容。

条文说明

水泥混凝土棱柱体轴心抗压强度值用于抗压弹性模量试验，不能用于混凝土强度等级评定。一般轴心抗压强度值小于立方体抗压强度值。

T 0556—2005 水泥混凝土棱柱体抗压弹性模量试验方法

(Standard Test Method for Static Modulus of
Elasticity of Concrete in Compression of Prism Concrete Specimens)

1 目的、适用范围和引用标准

本方法规定了测定水泥混凝土在静力作用下的受压弹性模量方法，水泥混凝土的受压弹性模量取轴心抗压强度1/3时对应的弹性模量。

本方法适用于各类水泥混凝土的直角棱柱体试件。

引用标准：

GB/T 2611—1992 《试验机通用技术要求》

GB/T 3722—1992 《液压式压力试验机》

JB/T 54251—1994 《杠杆千分表产品质量分等》

T 0551—2005 《水泥混凝土试件制作与硬化水泥混凝土现场取样方法》

T 0555—2005 《水泥混凝土棱柱体轴心抗压强度试验方法》

2 仪器设备

（1）压力机或万能试验机：应符合 T 0551 中 2.3 的规定。

（2）球座：应符合 T 0551 的 2.4 规定。

（3）微变形测量仪：符合《杠杆千分表产品质量分等》中技术要求，千分表 2 个（0 级或 1 级）；或精度不低于 0.001mm 的其它仪表，如引伸仪。

（4）微变形测量仪固定架两对，标距为 150mm，如图 T0556-1 和图 T0556-2。

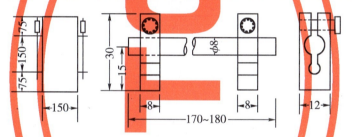

图 T0556-1　千分表座示意图（一对）（尺寸单位：mm）

（5）钢尺（量程 600mm，分度值为 1mm）、502 胶水、铅笔和秒表等。

3 试件制备

3.1 试件尺寸与棱柱体轴心抗压强度试件尺寸相同，符合 T 0551 中表 T0551-1 规定。

3.2 每组为同龄期同条件制作和养护的试件 6 根，其中 3 根用于测定轴心抗压强度，提出弹性模量试验的加荷标准，另 3 根则作弹性模量试验。

4 试验步骤

4.1 试件取出后，用湿毛巾覆盖并及时进行试验，保持试件干湿状态不变。

4.2 擦净试件，量出尺寸并检查外形，尺寸量测精确至 1mm，试件不得有明显缺损，端面不平时须预先抹平。

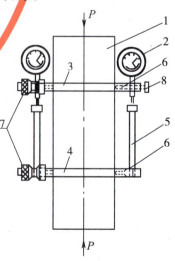

图 T0556-2　框式千分表座示意图（一对）

1-试件；2-量表；3-上金属环；4-下金属环；5-接触杆；6-刀口；7-金属环固定螺丝；8-千分表固定螺丝

4.3 取 3 根试件按 T 0554 规定进行轴心抗压强度试验,计算棱柱体轴心抗压强度值 f_{cp}。

4.4 取另 3 根试件作抗压弹性模量试验,微变形量测仪应安装在试件两侧的中线上并对称于试件两侧。

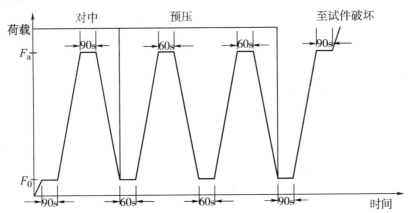

图 T0556-3 弹性模量加荷方法示意图

注:1. 90s 包括 60s 持荷时间,30s 读数时间。
　　2. 60s 为持荷时间。

4.5 将试件移于压力机球座上,几何对中。加荷方法见图 T0556-3。

4.6 调整试件位置

开动压力机,当上压板与试件接近时,调整球座,使接触均衡。加荷至基准应力为 0.5MPa 对应的初始荷载值 F_0,保持恒载 60s 并在以后的 30s 内记录两侧变形量测仪的读数 $\varepsilon_0^{左}$,$\varepsilon_0^{右}$。应立即以 0.6MPa/s ± 0.4MPa/s 的加荷速率连续均匀加荷至 1/3 轴心抗压强度 f_{cp} 对应的荷载值 F_a,保持恒载 60s 并在以后的 30s 内记录两侧变形量测仪的读数 $\varepsilon_a^{左}$,$\varepsilon_a^{右}$。

4.7 以上读数应和它们的平均值相差在 20% 以内,否则应重新对中试件后重复 4.6 中的步骤。如果无法使差值降低到 20% 以内,则此次试验无效。

4.8 预压

确认 4.7 后,以相同的速度卸荷至基准应力 0.5MPa 对应的初始荷载值 F_0 并持荷 60s。以相同的速度加荷至荷载值 F_a,再保持 60s 恒载,最后以相同的速度卸荷至初始荷载值 F_0,至少进行两次预压循环。

4.9 测试

在完成最后一次预压后,保持 60s 初始荷载值 F_0,在后续的 30s 内记录两侧变形量测仪的读数 $\varepsilon_0^{左}$,$\varepsilon_0^{右}$,再用同样的加荷速度加荷至荷载值 F_a,再保持 60s 恒载,并在后续的

30s 内记录两侧变形量测仪的读数 $\varepsilon_a^{左}$，$\varepsilon_a^{右}$。

4.10 卸除微变形量测仪，以同样的速度加荷至破坏，记下破坏极限荷载 $F(\mathrm{N})$。如果试件的轴心抗压强度与 f_{cp} 之差超过 f_{cp} 的 20% 时，应在报告中注明。

5 试验结果

5.1 混凝土抗压弹性模量 E_c 按下式计算：

$$E_c = \frac{F_a - F_0}{A} \times \frac{L}{\Delta n} \tag{T0556-1}$$

式中：E_c——混凝土抗压弹性模量（MPa）；

F_a——终荷载（N）（$\frac{1}{3}f_{cp}$ 时对应的荷载值）；

F_0——初荷载（N）（0.5MPa 时对应的荷载值）；

L——测量标距（mm）；

A——试件承压面积（mm²）；

Δn——最后一次加荷时，试件两侧在 F_a 及 F_0 作用下变形差平均值（mm）：

$$\Delta n = (\varepsilon_a^{左} + \varepsilon_a^{右})/2 - (\varepsilon_0^{左} + \varepsilon_0^{右})/2;$$

ε_a——F_a 时标距间试件变形（mm）；

ε_0——F_0 时标距间试件变形（mm）。

5.2 以 3 根试件试验结果的算术平均值为测定值。如果其循环后的任一根与循环前轴心抗压强度与之差超过后者的 20%，则弹性模量值按另两根试件试验结果的算术平均值计算；如有两根试件试验结果超出上述规定，则试验结果无效。

结果计算精确至 100MPa。

6 试验报告

试验报告应包括以下内容：
(1) 要求检测的项目名称、执行标准；
(2) 原材料的品种、规格和产地；
(3) 试验日期及时间；
(4) 仪器设备的名称、型号及编号；
(5) 环境温度和湿度；
(6) 抗压弹性模量值；
(7) 要说明的其它内容。

条文说明

对于抗压试验中假定试件处于纯单向受压状态，但实际上由于试件端部与支撑板的摩擦作用，在试件顶端产生"禁锢"作用,即顶端处于三轴应力状态下,而试件仅在中间一小段真正处于单向受压状态。为减少顶端产生"禁锢"作用,可适当增加试件高度,也就是加长了单向受压区间,那么在此段量测应力、应变之间的关系也就变简单了。在粗略估计材料模量时,可采用顶面法,即认为整个试件处于纯单向受压状态,而忽略"禁锢"作用。

T 0557—2005 水泥混凝土圆柱体抗压弹性模量试验方法

(Standard Test Method for Static Modulus of
Elasticity of Concrete in Compression of Cylindrical Concrete Specimens)

1 目的、适用范围和引用标准

本方法规定了在静力作用下测定水泥混凝土圆柱体抗压弹性模量的方法,水泥混凝土的受压弹性模量取轴心抗压强度1/3时对应的弹性模量。

本方法适用于各类水泥混凝土的圆柱体试件。

引用标准:

GB/T 2611—1992 《试验机通用技术要求》
GB/T 3722—1992 《液压式压力试验机》
JB/T 54251—1994 《杠杆千分表产品质量分等》
T 0551—2005 《水泥混凝土试件制作与硬化水泥混凝土现场取样方法》
T 0553—2005 《水泥混凝土圆柱体轴心抗压强度试验方法》

2 仪器设备

(1)压力机或万能试验机:应符合 T 0551 中 2.3 的规定。
(2)球座:应符合 T 0551 的 2.4 规定。
(3)微变形测量仪:符合《杠杆千分表产品质量分等》中技术要求,千分表2个(0级或1级);或分度值不大于0.001mm的其它仪表,如引伸仪。
(4)微变形测量仪固定架两对,标距为150mm。
(5)钢尺(量程600mm,分度值为1mm)、502胶水、铅笔和秒表等。

3 试件制备

3.1 试件尺寸与圆柱体抗压强度试件相同,尺寸符合 T 0551 中表 T0551-1。

3.2 每组为6根同龄期同条件制作和养护的试件,其中3根用于测定圆柱体抗压强度,提出弹性模量试验的加荷标准,另3根用于弹性模量试验。

4 试验步骤

4.1 试件取出后,用湿毛巾覆盖并及时进行试验,保持试件干湿状态不变。

4.2 擦净试件,测量其尺寸及外观。首先测量沿试件高度中央部位相互垂直的两个方向的直径,分别记为 d_1,d_2。再分别测量相互垂直两个方向直径端点的四个高度。试件不得有明显缺损,端面须预先进行端部处理。

4.3 取 3 根试件按 T 0554 进行圆柱体抗压强度试验,计算圆柱体抗压强度 f_{cc}。

4.4 取另 3 根作抗压弹性模量试件,变形量测仪应安装在试件两侧的母线上。

4.5 将试件移于压力机球座上。

4.6 对中

开动压力机,当上压板与试件接近时,调整球座,使接触均衡。加荷至基准应力为 0.5MPa 对应的初始荷载值 F_0,保持恒载 60s 并在以后的 30s 内记录两侧变形量测仪的读数 $\varepsilon_0^{左}, \varepsilon_0^{右}$。应立即以 0.6 MPa/s ± 0.4 MPa/s 的加荷速率连续均匀加荷至 1/3 圆柱体抗压强度 f_{cc} 对应的荷载值 F_a,保持恒载 60s 并在以后的 30s 内记录两侧变形量测仪的读数 $\varepsilon_a^{左}, \varepsilon_a^{右}$。

4.7 以上读数应和它们的平均值相差在 20% 以内,否则应重新对中试件后重复 4.6 中的步骤。如果无法使差值降低到 20% 以内,则此次试验无效。

4.8 预压

确认 4.7 后,以 0.6MPa/s ± 0.4MPa/s 的速度卸荷至基准应力 0.5MPa 对应的初始荷载值 F_0,并持荷 60s。以相同的速度加荷至荷载值 F_a,再保持 60s 恒载,最后以相同的速度卸荷至初始荷载值 F_0,至少进行两次预压循环。

4.9 测试

在完成最后一次预压后,保持 60s 初始荷载值 F_0,在后续的 30s 内记录两侧变形量测仪的读数 $\varepsilon_0^{左}, \varepsilon_0^{右}$,再用 0.6 MPa/s ± 0.4 MPa/s 的加荷速度加荷至荷载值 F_a,再保持 60s 恒载,并在后续的 30s 内记录两侧变形量测仪的读数 $\varepsilon_a^{左}, \varepsilon_a^{右}$。

4.10 卸除变形量测仪,以 0.6MPa/s ± 0.4MPa/s 速度加荷至破坏,记下破坏极限荷载 $F(N)$。如果试件的圆柱体抗压强度与 f_{cc} 之差超过 f_{cc} 的 20% 时,应在报告中注明。

5 试验结果计算

5.1 试件直径计算:

$$d = \frac{d_1 + d_2}{2}$$

式中： d——试件计算直径(mm)，精确至0.1mm；

d_1,d_2——两个垂直方向的直径(mm)。

5.2 混凝土受压弹性模量 E_c 按下式计算：

$$E_c = \frac{4(F_a - F_0)}{\pi d^2} \times \frac{L}{\Delta n} \tag{T0557-1}$$

式中：E_c——混凝土抗压弹性模量(MPa)；

F_a——终荷载(N)($\frac{1}{3}f_{cc}$时对应的荷载值)；

F_0——初荷载(N)(0.5MPa时对应的荷载值)；

L——测量标距(mm)；

d——试件的计算直径(mm)。

Δn——最后一次加荷时，试件两侧在 F_a 及 F_0 作用下变形差平均值(mm)：

$$\Delta n = (\varepsilon_a^{左} + \varepsilon_a^{右})/2 - (\varepsilon_0^{左} + \varepsilon_0^{右})/2;$$

ε_a——F_a 时标距间试件变形(mm)；

ε_0——F_0 时标距间试件变形(mm)。

5.3 以3根试件试验结果的算术平均值为测定值。如果其中有一根试件的轴心抗压强度值与用以确定检验控制荷载的轴心抗压强度值之差超过后者的20%时，则弹性模量值按另两根试件试验结果的算术平均值计算；如有两根试件超出上述规定，则试验结果无效。

结果计算精确至100MPa。

6 试验报告

试验报告应包括以下内容：
(1)要求检测的项目名称、执行标准；
(2)原材料的品种、规格和产地；
(3)试验日期及时间；
(4)仪器设备的名称、型号及编号；
(5)环境温度和湿度；
(6)抗压弹性模量值；
(7)要说明的其它内容。

条文说明

本试验参照ISO 6784—1982修改。ASTM C 496中也有圆柱体抗压模量测试方法，为比较ISO和ASTM的差异，特列出表T0557-1如下。

表 T0557-1　ISO 和 ASTM 的差异

项目	ASTM	ISO
加载程序	以 0.24MPa/s 的速率加载，需加载两次，第一次预加载，不记录，而第二次以 241kPa/s ± 34kPa/s 一直加载；分别记录下纵向变形为 50 个微应变时的荷载以及 40% 极限荷载时的应变	0.6MPa/s ± 0.4MPa/s 加载到破坏荷载的 1/3，保持 60s，记录后续 30s 的应变，再卸载，至少循环 2 次，如果偏差大于 20%，应作废
模量	极限强度的 40% 和 50 个微应变之间的割线模量	预压(0.5MPa)，以 1/3 极限强度对应的割线模量为所求模量

T 0558—2005　水泥混凝土抗弯拉强度试验方法

（Standard Test Method for Determination of
Flexural Strength of Concrete Specimens——Using Simple Beam with Third-Point Loading）

1　目的、适用范围和引用标准

本方法规定了测定水泥混凝土抗弯拉极限强度的方法，以提供设计参数，检查水泥混凝土施工品质和确定抗弯拉弹性模量试验加荷标准。

本方法适用于各类水泥混凝土棱柱体试件。

引用标准：

GB/T 2611—1992 《试验机通用技术要求》

GB/T 3722—1992 《液压式压力试验机》

T 0551—2005 《水泥混凝土试件制作与硬化水泥混凝土现场取样方法》

2　仪器设备

(1)压力机或万能试验机：应符合 T 0551 中 2.3 的规定。

(2)抗弯拉试验装置（即三分点处双点加荷和三点自由支承式混凝土抗弯拉强度与抗弯拉弹性模量试验装置）：如图 T0558-1 所示。

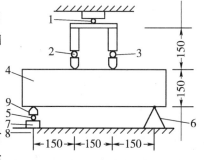

图 T0558-1　抗弯拉试验装置
（尺寸单位：mm）
1、2-一个钢球；3、5-两个钢球；4-试件；6-固定支座；7-活动支座；8-机台；9-活动船形垫块

3　试件制备和养护

3.1　试件尺寸应符合 T 0551 中表 T0551-1 的规定，同时在试件长向中部 1/3 区段内表面不得有直径超过 5mm、深度超过 2mm 的孔洞。

3.2　混凝土抗弯拉强度试件应取同龄期者为一组，每组 3 根同条件制作和养护的试件。

4 试验步骤

4.1 试件取出后,用湿毛巾覆盖并及时进行试验,保持试件干湿状态不变。在试件中部量出其宽度和高度,精确至1mm。

4.2 调整两个可移动支座,将试件安放在支座上,试件成型时的侧面朝上,几何对中后,务必使支座及承压面与活动船形垫块的接触面平稳、均匀,否则应垫平。

4.3 加荷时,应保持均匀、连续。当混凝土的强度等级小于C30时,加荷速度为0.02MPa/s~0.05MPa/s;当混凝土的强度等级大于等于C30且小于C60时,加荷速度为0.05MPa/s~0.08MPa/s;当混凝土的强度等级大于等于C60时,加荷速度为0.08 MPa/s~0.10MPa/s。当试件接近破坏而开始迅速变形时,不得调整试验机油门,直至试件破坏,记下破坏极限荷载 $F(N)$。

4.4 记录下最大荷载和试件下边缘断裂的位置。

5 试验结果

5.1 当断面发生在两个加荷点之间时,抗弯拉强度f_f按下式计算:

$$f_f = \frac{FL}{bh^2} \quad (T0558-1)$$

式中:f_f——抗弯拉强度(MPa);
  F——极限荷载(N);
  L——支座间距离(mm);
  b——试件宽度(mm);
  h——试件高度(mm)。

5.2 以3个试件测值的算术平均值为测定值。3个试件中最大值或最小值中如有一个与中间值之差超过中间值的15%,则把最大值和最小值舍去,以中间值作为试件的抗弯拉强度;如最大值和最小值与中间值之差值均超过中间值15%,则该组试验结果无效。

3个试件中如有一个断裂面位于加荷点外侧,则混凝土抗弯拉强度按另外两个试件的试验结果计算。如果这两个测值的差值不大于这两个测值中较小值的15%,则以两个测值的平均值为测试结果,否则结果无效。

如果有两根试件均出现断裂面位于加荷点外侧,则该组结果无效。

注:断面位置在试件断块短边一侧的底面中轴线上量得。

抗弯拉强度计算精确到0.01MPa。

5.3 采用100mm×100mm×400mm非标准试件时,在三分点加荷的试验方法同前,但所取得的抗弯拉强度值应乘以尺寸换算系数 0.85。当混凝土强度等级大于等于 C60 时，应采用标准试件。

6 试验报告

试验报告应包括以下内容：
(1)要求检测的项目名称、执行标准；
(2)原材料的品种、规格和产地；
(3)试验日期及时间；
(4)仪器设备的名称、型号及编号；
(5)环境温度和湿度；
(6)水泥混凝土抗弯拉强度值；
(7)要说明的其它内容。

条文说明

本方法参照 ISO 4013—1978 修改制定。在路面结构设计中，常用到抗弯拉强度指标。在本方法中，仅采用 ISO 4013—1978 中的加荷点为两个的加载法，将梁一分为三；同时 ISO 4013—1978 中还有一个在梁顶面单点加载的方法，将梁一分为二。ASTM C 78 也采用了加荷点为两个的加载法，将梁一分为三。

抗弯拉试验装置对于抗弯拉试验结果有着显著影响，所以在试验过程中必须使用符合规定的装置，使所有加荷头与试件均匀接触，并避免产生扭矩，使得试件不是折坏，而是折、扭复合破坏。

T 0559—2005 水泥混凝土抗弯拉弹性模量试验方法

(Standard Test Method for Determination of Flexural Modulus of Concrete Specimens)

1 目的、适用范围和引用标准

本方法规定了测定水泥混凝土抗弯拉弹性模量的方法和步骤。抗弯拉弹性模量是以 1/2 抗弯拉强度时的加荷模量为准。

本方法适用于各类水泥混凝土棱柱小梁试件。

引用标准：

GB/T 2611—1992 《试验机通用技术要求》

GB/T 3722—1992 《液压式压力试验机》

JB/T 54251—1994 《杠杆千分表产品质量分等》

T 0551—2005 《水泥混凝土试件制作与硬化水泥混凝土现场取样方法》

T 0558—2005 《水泥混凝土抗弯拉强度试验》

2 仪器设备

(1)压力机、抗弯拉试验装置:仪器设备应符合 T 0558 的规定。

(2)千分表:一个。分度值为 0.001mm,0 级或 1 级。

(3)千分表架:一个。图 T0559-1 为金属刚性框架,正中为千分表插座,两端有三个圆头长螺杆,可以调整高度。

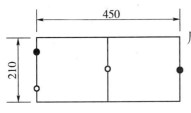

图 T0559-1 千分表架
(尺寸单位:mm)

(4)毛玻璃片(每片约 1.0cm^2)、502 胶水、平口刮刀、丁字尺、直尺、钢卷尺和铅笔等。

3 试件制备

3.1 试件尺寸符合 T 0551 中表 T0551-1 的规定,同时在试件长向中部 1/3 区段内表面不得有直径超过 5mm、深度超过 2mm 的孔洞。

3.2 每组 6 根同龄期同条件制作的试件,3 根用于测定抗弯拉强度,3 根则用作抗弯拉弹性模量试验。

4 试验步骤

4.1 至试验龄期时,自养护室取出试件,用湿布覆盖,避免其湿度变化。清除试件表面污垢,修平与装置接触的试件部分(对抗弯拉强度试件即可进行试验)。在试件上下面(即成型时两侧面)划出中线和装置位置线,在千分表架共四个脚点处,用干毛巾先擦干水分,再用 502 胶水粘牢小玻璃片,量出试件中部的宽度和高度,精确至 1mm。

4.2 将试件安放在支座上,使成型时的侧面朝上,千分表架放在试件上,压头及支座线垂直于试件中线且无偏心加载情况,而后缓缓加上约 1kN 压力,停机检查支座等各接缝处有无空隙(必要时需加金属薄垫片),应确保试件不扭动,而后安装千分表,其触点及表架触点稳立在小玻璃片上,如图 T0559-2。

4.3 取抗弯拉极限荷载平均值的 1/2 为抗弯拉弹性模量试验的荷载标准(即 $F_{0.5}$),进行 5 次加卸荷载循环,由 1kN 起,以 0.15kN/s～0.25kN/s 的速度加荷,至

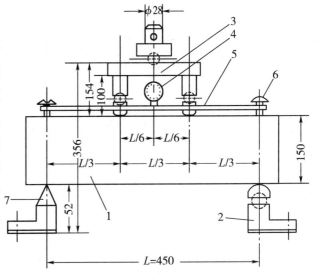

图 T0559-2 抗弯拉弹性模量试验装置示意图
(尺寸单位:mm)

1-试件;2-可移动支座;3-加荷支座;4-千分表;5-千分表架;6-螺杆;7-固定支座

3kN刻度处停机(设为F_0),保持约30s(在此段加荷时间中,千分表指针应能起动,否则应提高F_0至4kN等),记下千分表读数Δ_0,而后继续加至$F_{0.5}$,保持约30s,记下千分表读数$\Delta_{0.5}$;再以同样速度卸荷至1kN,保持约30s,为第一次循环,如图T0559-3。

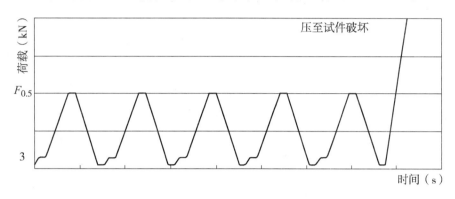

图 T0559-3 抗弯拉弹性模量试验加荷示意图

4.4 同第一次循环,共进行五次循环,取第五次循环的挠度值为准。如第五次与第四次循环挠度值相差大于0.5μm时,须进行第六次循环,直到两次相邻循环挠度值之差符合上述要求为止,取最后一次挠度值为准。

4.5 当最后一次循环完毕,检查各读数无误后,立即去掉千分表,继续加荷直至试件折断,记下循环后抗弯拉强度f'_f,观察断裂面形状和位置。如断面在三分点外侧,则此根试件结果无效;如有两根试件结果无效,则该组试验无效。

5 试验结果

5.1 混凝土抗弯拉弹性模量E_f按简支梁在三分点各加荷载$\dfrac{F_{0.5}}{2}$的跨中挠度公式反算求得:

$$E_f = \frac{23L^3(F_{0.5}-F_0)}{1296J|\Delta_{0.5}-\Delta_0|} \qquad (T0559\text{-}1)$$

式中: E_f——混凝土抗弯拉弹性模量(MPa);

$F_{0.5}$、F_0——终荷载及初荷载(N);

$\Delta_{0.5}$、Δ_0——对应$F_{0.5}$及F_0的千分表读数(mm);

L——试件支座间距离($L=450$mm);

J——试件断面转动惯量,$J=\dfrac{1}{12}bh^3$(mm^4)。

5.2 以3个试件测值的算术平均值为测定值。3个试件中最大值或最小值中如有一个与中间值之差超过中间值的15%,则把最大值和最小值舍去,以中间值作为试件的抗弯拉强度。如有两个测值与中间值的差值均超过中间值的15%时,则该组试验结果无效。

3个试件中如有一个断裂面位于加荷点外侧,则混凝土抗弯拉强度按另外两个试件的试验结果计算。如果这两个测值的差值不大于这两个测值中较小值的15%,则以两个测值的平均值为测试结果,否则结果无效。

如果有两根试件均出现断裂面位于加荷点外侧,则该组结果无效。

注:断面位置在试件断块短边一侧的底面中轴线上量得。

结果计算精确至100MPa。

6 试验报告

试验报告应包括以下内容:
(1)要求检测的项目名称、执行标准;
(2)原材料的品种、规格和产地;
(3)试验日期及时间;
(4)仪器设备的名称、型号及编号;
(5)环境温度和湿度;
(6)抗弯拉模量;
(7)断裂位置
(8)要说明的其它内容。

条文说明

关于混凝土抗弯拉模量试验,现有的各种试验方法中都没有相近的方法。本方法是沿用JTJ 053—94中的老方法,该方法是中国公路学会道路工程学会水泥混凝土路面学组委员会于1991年1月讨论确定的。混凝土抗弯拉模量试验和计算采用抗弯拉极限荷载平均值的1/2为抗弯拉模量试验的标准荷载,并经反复加荷变形稳定后的割线模量。常见水泥混凝土抗弯拉模量见表T0559-1。

表 T0559-1 水泥混凝土抗弯拉模量

水泥混凝土抗弯拉强度(MPa)	4.0~4.5	4.5~5.5
水泥混凝土抗弯拉模量(MPa)	27 000~31 000	28 000~35 000

T 0560—2005 水泥混凝土立方体劈裂抗拉强度试验方法
(Standard Test Method for Splitting Tensile Strength of Cubic Concrete Specimens)

1 目的、适用范围和引用标准

本方法规定了测定水泥混凝土立方体试件的劈裂抗拉强度的方法和步骤。

本方法适用于各类水泥混凝土的立方体试件。

引用标准：

GB/T 3722—1992 《液压式压力试验机》

GB/T 2611—1992 《试验机通用技术要求》

T 0551—2005 《水泥混凝土试件制作与硬化水泥混凝土现场取样方法》

2 仪器设备

（1）压力机或万能试验机：应符合 T 0551 中 2.3 的规定。

（2）劈裂钢垫条和三合板垫层（或纤维板垫层），如图 T0560-1 所示。钢垫条顶面为半径 75mm 的弧形，长度不短于试件边长。木质三合板或硬质纤维板垫层的宽度为 20mm，厚为 3mm～4mm，长度不小于试件长度，垫层不得重复使用。

（3）钢尺：分度值为 1mm。

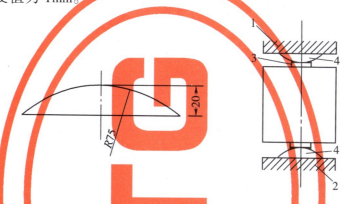

图 T0560-1 劈裂试验用钢垫条（尺寸单位：mm）

1-上压板；2-下压板；3-垫层；4-垫条

3 试件制备和养护

3.1 试件尺寸符合 T 0551 中表 T0551-1 的规定。

3.2 本试件应同龄期者为一组，每组为 3 个同条件制作和养护的混凝土试块。

4 试验步骤

4.1 至试验龄期时，自养护室取出试件，用湿布覆盖，避免其湿度变化。检查外观，在试件中部划出劈裂面位置线，劈裂面与试件成型时的顶面垂直。尺寸测量精确至 1mm。

4.2 试件放在球座上，几何对中，放妥垫层垫条，其方向与试件成型时顶面垂直。

4.3 当混凝土的强度等级小于 C30 时，加荷速度为 0.02MPa/s～0.05MPa/s；当混凝土的强度等级大于等于 C30 且小于 C60 时，加荷速度为 0.05 MPa/s～0.08MPa/s；当混凝土的强度等级大于等于 C60 时，加荷速度为 0.08MPa/s～0.10MPa/s。当试件接近破坏而开始迅速变形时，不得调整试验机油门，直至试件破坏，记下破坏极限荷载 F(N)。

5 试验结果计算

5.1 混凝土立方体劈裂抗拉强度 f_{ts} 按下式计算：

$$f_{ts} = \frac{2F}{\pi A} = 0.637 \frac{F}{A} \qquad (T0560-1)$$

式中：f_{ts}——混凝土立方体劈裂抗拉强度（MPa）；
   F——极限荷载（N）；
   A——试件劈裂面面积（mm^2），为试件横截面面积。

5.2 劈裂抗拉强度测定值的计算及异常数据的取舍原则为：以3个试件测值的算术平均值为测定值。如3个试件中最大值或最小值中如有一个与中间值的差值超过中间值的15%时，则取中间值为测定值；如有两个测值与中间值的差值均超过上述规定时，则该组试验结果无效。计算结果精确到0.01MPa。

6 试验报告

试验报告应包括以下内容
(1) 要求检测的项目名称、执行标准；
(2) 原材料的品种、规格和产地；
(3) 试验日期及时间；
(4) 仪器设备的名称、型号及编号；
(5) 环境温度和湿度；
(6) 立方体试件的劈裂抗拉强度值；
(7) 要说明的其它内容。

条文说明

本方法参照 ISO 4108—1980 修改。由于直接拉伸试验的对中比较困难，所以采用间接拉伸法（劈裂拉伸）得到混凝土的抗拉强度，一般劈裂强度高于直接拉伸强度。

T 0561—2005 水泥混凝土圆柱体劈裂抗拉强度试验方法

(Standard Test Method for Splitting Tensile Strength of Cylindrical Concrete Specimens)

1 目的、适用范围和引用标准

本方法规定了测定圆柱试件和现场钻芯取样的劈裂抗拉强度方法。
本方法适用于各类水泥混凝土的圆柱试件和现场芯样。
引用标准：
GB/T 2611—1992 《试验机通用技术要求》

GB/T 3722—1992 《液压式压力试验机》

T 0551—2005 《水泥混凝土试件制作与硬化水泥混凝土现场取样方法》

2 仪器设备

(1)压力机或万能试验机:应符合 T 0551 中 2.3 的规定。

(2)劈裂夹具、木质三合板垫层、钢垫条,如图 T0561-1 所示。钢垫条为平面,厚度不小于 10mm,长度不短于试件边长。木质三合板或硬质纤维板垫层的宽度为 20mm,厚为 3mm~4mm,长度不小于试件长度,垫层不得重复使用。支架为钢支架。

(3)钢尺:分度值为 1mm。

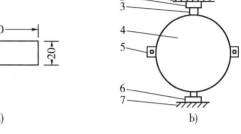

图 T0561-1 圆柱体芯样劈裂抗拉试验装置
示意图(尺寸单位:mm)
a)夹具钢垫条;b)劈裂夹具
1、7-压力机压板;2、6-夹具钢垫条;3-木质或纤维垫层;
4-试件;5-侧杆

3 试件制备和养护

3.1 试件尺寸符合 T 0551 中表 T0551-1 的规定。

3.2 本试件应同龄期者为一组,每组为 3 个同条件制作和养护的混凝土试件。

3.3 对于现场芯样,长径比大于等于 1。适宜的长径比在 1.9~2.1 之间,最大长径比不能超过 2.1。芯样最小直径为 100mm,直径至少是公称最大粒径的 2 倍。芯样在进行强度试验前需进行调湿,一般应在标准养护室养护 24h。

4 圆柱试件的劈裂试验步骤

4.1 至试验龄期时,自养护室取出试件,用湿布覆盖,避免其湿度变化。测量出直径、高度并检查外形,尺寸量测至 1mm。

4.2 在试件中部划出劈裂面位置线。圆柱体的母线公差为 0.15mm。这两条母线应位于同一轴向平面内,彼此相对,两条线的末端在试件的端面上相连,应为通过圆心的直径,以明确标明承压面。将试件、劈裂夹具、垫条和垫层如图 T0561-1b)所示放在压力机上,借助夹具两侧杆,将试件对中。开动压力机,当压力机压板与夹具垫条接近时,调整球座使压力均匀接触试件。当压力到 5kN 时,将夹具的侧杆抽掉。

4.3 当混凝土的强度等级小于 C30 时,加荷速度为 0.02 MPa/s~0.05MPa/s;当混凝土的强度等级大于等于 C30 且小于 C60 时,加荷速度为 0.05 MPa/s~0.08MPa/s;当混凝土的强度等级大于等于 C60 时,加荷速度为 0.08 MPa/s~0.10MPa/s。当试件接近破坏而开始迅速变形时,不得调整试验机油门,直至试件破坏,记下破坏极限荷载 F(N)。

5 试验结果

5.1 圆柱体劈裂抗拉强度 f_{ct} 按下式计算：

$$f_{ct} = \frac{2F}{\pi d_m \times l_m} \tag{T0561-1}$$

式中：f_{ct}——圆柱体劈裂抗拉强度(MPa)；

F——极限荷载(N)；

d_m——圆柱体截面的平均直径(mm)；

l_m——圆柱体平均长度(mm)。

5.2 劈裂抗拉强度测定值的计算及异常数据的取舍原则为：以3个试件测值的算术平均值为测定值。如3个试件中最大值或最小值中有一个与中间值的差值超过中间值的15%时，则取中间值为测定值；如有两个测值与中间值的差值均超过上述规定时，则该组试验结果无效。

结果计算精确至0.01MPa。

6 试验报告

试验报告应包括以下内容：

(1)要求检测的项目名称、执行标准；
(2)原材料的品种、规格和产地；
(3)试验日期及时间；
(4)仪器设备的名称、型号及编号；
(5)环境温度和湿度；
(6)圆柱体劈裂抗拉强度值；
(7)要说明的其它内容。

条文说明

本方法参照ISO 4108—1980修改。本方法同时有ASTM C 496和ISO 4108—1980两种方法，其中ASTM C 496加荷速度为0.01 MPa/s ~0.02MPa/s。

对于水泥混凝土路面而言，由于设计中采用抗弯拉强度，而在施工过程中却常常通过钻芯得到圆柱试件的劈裂强度，所以迫切需要得到抗弯拉强度和劈裂强度之间的换算关系。但由于目前在试件尺寸、加载速率等方面在世界范围内还不统一，所以得到的抗弯拉强度和劈裂强度之间的换算关系还比较离散，尚不能得出确信的换算关系。为此，希望各有关部门积累相关数据，待条件成熟后，再给出抗弯拉强度和劈裂强度之间的换算关系。

T 0562—2005 水泥混凝土抗弯拉试件断块抗压强度试验方法

(Standard Test Method for Compressive Strength of
Hydraulic-Cement Concrete ——Using Portions of Prisms Broken in Flexure)

1 目的、适用范围和引用标准

本方法规定了测定水泥混凝土抗弯拉试件断块试件抗压强度的方法和步骤。
本方法适于各种水泥混凝土抗弯拉试件断块的抗压强度测定。
引用标准：
GB/T 2611—1992 《试验机通用技术要求》
GB/T 3722—1992 《液压式压力试验机》
T 0551—2005 《水泥混凝土试件制作与硬化水泥混凝土现场取样方法》
T 0558—2005 《水泥混凝土抗弯拉强度试验方法》

2 仪器设备

(1)压力机或万能试验机：应符合 T 0551 中 2.3 的规定。
(2)球座：应符合 T 0551 的 2.4 规定。
(3)试件压板：如图 T0562-1 所示。
上压板为 150mm 见方的钢板，厚度大于或等于 40mm，淬火并刨平（$Ra = 2.5\mu m$）；导向轴使上下压板两侧对准在一个垂直面上；下压板长度应能使两侧板与试件间保留 10mm～13mm 的空隙，厚度、硬度等与上压板相同。

3 试件制备

3.1 本试件为进行抗弯拉强度试验后小梁的断块，其长度较梁高至少长 50mm，无显著裂纹及凹凸不平等缺陷。

3.2 以成型时两侧面做为破型时上下加压面。

4 试验步骤

4.1 在完成抗弯拉试验后，应尽快试验，并对试件进行编号，描述断块情况。

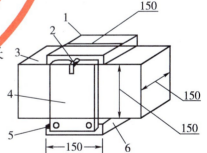

图 T0562-1 试件压板
（尺寸单位：mm）

1-上压板；2-导向轴；3-试件；4-导向侧板；5-定位螺丝；6-下压板

4.2 试件安置压板中（如图 T0562-1），将压板放置机台上，几何对中。

4.3 强度等级小于 C30 的混凝土取 0.3MPa/s～0.5MPa/s 的加荷速度；强度等级大于 C30 小于 C60 时，则取 0.5MPa/s～0.8MPa/s 的加荷速度；强度等级大于 C60 的混凝土取

0.8MPa/s~1.0MPa/s 的加荷速度。当试件接近破坏而开始迅速变形时,不得调整试验机油门,直至试件破坏,记下破坏极限荷载 $F(N)$。

5 试验结果

5.1 混凝土断块抗压强度 f' 按下式计算:

$$f' = \frac{F}{A} \qquad (T0562-1)$$

式中:f'——混凝土断块抗压强度(MPa);
F——极限荷载(N);
A——上压板面积(mm^2)。

5.2 每根试件两断块试验结果的平均值(或一块)为该根试件的抗压强度。每组 3 根试件抗压强度测定值的计算及异常数据取舍原则为:以 3 个试件测值的算术平均值为测定值。三个试件中最大值或最小值中如有一个与中间值的差值超过中间值的 15% 时,则取中间值为测定值;如有两个测值与中间值的差值均超过上述规定时,则该组试验结果无效。

结果计算精确至 0.1MPa。

6 试验报告

试验报告应包括以下内容:
(1)要求检测的项目名称、执行标准;
(2)原材料的品种、规格和产地;
(3)仪器设备的名称、型号及编号;
(4)环境温度和湿度;
(5)断块抗压强度值;
(6)要说明的其它内容。

条文说明

本方法参照 AASHTO T 140 制定。本方法得到的抗压强度不宜用作混凝土强度等级评定。特别需要说明的是,为完成本试验必须有试验压板,上下压板应保持平行,压板两侧对准在一个垂直面上,确保受压面为 15cm×15cm。

T 0563—2005 水泥混凝土强度快速试验方法(1h 促凝压蒸法)
(1-hour Accelerated Strength Test by Accelerating-Autoclaving Method for Cement Concrete)

1 目的、适用范围和引用标准

本方法规定了快速测定水泥混凝土强度的方法和步骤。在事先已建立同材料的水泥混凝土强度推定式的条件下,通过测定新拌水泥混凝土湿筛砂浆试样促凝压蒸1h后的快硬强度,可即时预测出该水泥混凝土试样潜在的标准养护28d龄期(抗压和抗弯拉)强度,用于水泥混凝土现场质量管理或配合比设计及其调整。

本方法适用于硅酸盐水泥、普通硅酸盐水泥、矿渣硅酸盐水泥、粉煤灰硅酸盐水泥、火山灰硅酸盐水泥、复合硅酸盐水泥、道路硅酸盐水泥及指定采用本方法的其它品种水泥及掺加常用外加剂的质量均匀的新拌水泥混凝土。

引用标准:

GB/T 2611—1992 《试验机通用技术要求》

GB/T 3722—1992 《液压式压力试验机》

T 0512—2005 《水泥胶砂强度快速试验方法(1.5h促凝压蒸法)》

T 0551—2005 《水泥混凝土试件制作与硬化水泥混凝土现场取样方法》

T 0552—2005 《水泥混凝土立方体抗压强度试验方法》

T 0557—2005 《水泥混凝土抗弯拉强度试验方法》

2 仪器设备与材料

(1)压力机或万能试验机:符合 T 0551 中 2.3 的规定。

(2)混凝土湿筛砂浆振动筛分、成型两用机(简称两用机):由机体、筛子、振动台、下料漏斗等部件组成,如图 T0563-1 和图 T0563-2 所示。

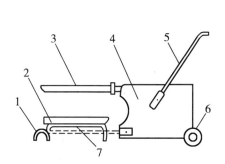

图 T0563-1 两用机筛分工作状态
1-筛分支撑;2-接料盘;3-筛子;4-机体;
5-成型支撑;6-胶轮;7-接料盘架

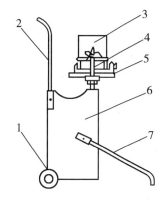

图 T0563-2 两用机成型
工作状态
1-胶轮;2-筛分支撑;3-下料
漏斗;4-试模;5-振动台面;
6-机体;7-成型支撑

机体由 0.5kW 电机带动凸轮产生连续简谐振动,频率为 2800 次/min ~ 3000 次/min,振幅为 1mm ± 0.1mm。筛子孔径为 ϕ4.75mm。

将机体平放,装上筛子(图 T0563-1),可筛分混凝土中的砂浆;卸下筛子,将机体翻转 90°使之直立,装上振动台面、试模及下料漏斗(图 T0563-2),可振动成型湿筛砂浆试件。

(3)专用压蒸仪

采用装有压力表的 ϕ240mm 压蒸锅,如图 T0563-3 所示。压力表表盘尺寸为 ϕ55mm,量程为 0 ~ 250kPa。

压蒸仪配用 1.5kW 电炉加热。将试件带模放入盛有沸水的压蒸仪内压蒸养护时,正常情况下,加盖安全阀约 15min 后,锅内蒸汽压力达到并稳定在 100 kPa ± 10kPa,温度约为 120℃。

(4)湿筛砂浆专用试模

包括可装卸的三联钢模和钢盖板。钢模组装后内壁互相垂直,有效尺寸为 31.6mm × 31.6mm × 50mm。试模结构如图 T0563-4 所示,尺寸精度要求如表 T0563-1。

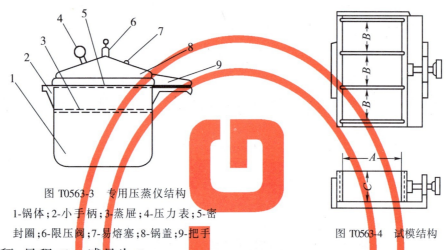

图 T0563-3 专用压蒸仪结构

1-锅体;2-小手柄;3-蒸屉;4-压力表;5-密封圈;6-限压阀;7-易熔塞;8-锅盖;9-把手

图 T0563-4 试模结构

(5)台秤:量程 5kg,感量为 5g。

(6)天平:量程 100g,感量为 0.1g。

(7)砂浆搅拌锅、拌合铲、小刀、方形搪瓷盘(或铁皮制作的料盘,尺寸约 250mm × 400mm)、秒表等。

表 T0563-1 试 模 尺 寸

符号	制造尺寸(mm)	磨损后允许尺寸(mm)
A	50	/
B	31.6 − 0.1	31.6 + 0.1
C	31.6 + 0.1	31.6 − 0.1

(8)专用促凝剂

CS 或 CAS 专用促凝剂,每次试验用量 5g,采用分析纯或化学纯的化学试剂按表 T0512-2 的配方配成。一般情况下用 CS 促凝剂,当混凝土掺用粉煤灰或缓凝型外加剂时,可用 CAS 促凝剂。为提高促凝剂的均匀分散性,应事先将所用化学试剂(白色颗粒)分别研细,再按一次用量以塑料袋密封分装,应在阴凉干燥处存放,防止受潮结块。

3 试验步骤

3.1 试验准备

3.1.1 将试模擦净,四周模板与底座的接触面上涂抹黄油,紧密装配,防止漏浆。试模内壁均匀刷一薄层机油。

3.1.2 压蒸锅内加水至离蒸屉约 20mm 的高度,将水烧沸并检查压蒸锅是否漏汽。如漏汽,须采取相应改善措施(更换密封圈等)。

3.2 筛取新拌混凝土的湿筛砂浆试样

3.2.1 在现场或实验室成型标准养护 28d 龄期混凝土(抗压、抗弯拉强度)试件的同时,取有代表性的新拌混凝土试样约 4kg~5kg 均匀摊放在两用机的筛子中。筛面及其它用具的表面均应事先用湿布擦拭。

3.2.2 开动两用机,手持小铲轻轻翻拌筛内的混凝土拌合物,筛至粗集料表面不沾砂浆并基本不见砂浆落入接料盘为止。为防止试样中水分损失,筛分工作应力求快速。

3.2.3 混凝土筛分完毕后,立即将接料盘中的湿筛砂浆试样拌匀,并用经湿布擦拭的拌合锅称取 500g 砂浆试样。

3.3 在砂浆试样中加入促凝剂

将砂浆试样摊平,均匀撒入规定量的促凝剂,按动秒表开始记时并立即用湿布擦过的拌合铲迅速将砂浆翻拌、拨压 30s。翻拌时,锅沿逆时针方向转动,铲沿顺时针方向翻拌、拨压,每翻拌一次,约拨压 3~4 次,共反复 15 次左右。

3.4 成型试件

3.4.1 将加有促凝剂的湿筛砂浆试样通过两用机的下料漏斗一次加入试模中。

3.4.2 开动两用机,振动成型试件。振动成型时间参照表 T0563-2 选定。

3.4.3 从两用机上取下试模,用小刀将高出试模的砂浆轻轻刮去、抹平并盖上事先刷过机油的钢盖板。

表 T0563-2 振动成型时间选用参考

混凝土坍落度(cm)	0~5	6~10	11~15	>15
试件振动成型时间(s)	60	50	40	30

3.5 试件压蒸养护

3.5.1 从加入促凝剂起至 5min 时,将带模的试件放入水已烧沸的压蒸仪内压蒸养护。压蒸时间从加盖、压阀后起计,一般为 1h。采用快硬水泥时,可缩短为 30min~40min;使用缓凝型外加剂或掺粉煤灰混合料时,可延长至 1.5h。适宜的压蒸时间应通过试验确定。

3.5.2 记录压蒸过程中的升压时间(加盖锅盖后至蒸汽压力达到 100kPa ± 10kPa 并且开始释放蒸汽时)各次试验应基本相同,为 15min 左右。如发现异常,应查找原因并及时处理,重新进行试验。

3.5.3 压蒸养护到规定时间(允许误差为 ± 2min)时,切断电源,将压蒸锅从电炉上搬下,去阀放汽,在确认锅内无蒸汽压力后,开盖取出试模,立即拆模进行试件抗压强度试验。

3.6 测定快硬砂浆抗压强度

3.6.1 检查并放正压力机球座,球座应转动灵活,防止试件局部或偏心受压。

3.6.2 清除试件端面和压力机加压板上的砂粒或杂物,将试件直立放在加压板的中心,均匀加荷,直至试件破坏。

4 试验结果

4.1 按下式计算快硬湿筛砂浆抗压强度

$$f_{1h} = \frac{F}{A} \quad \text{(T0563-1)}$$

式中:f_{1h}——促凝压蒸 1h 快硬湿筛砂浆抗压强度(MPa);
F——破坏荷载(N);
A——试件受压面积(1000mm²)。

注:压蒸养护时间为 0.5h 或 1.5h 时,强度相应记为 $f_{0.5h}$ 或 $f_{1.5h}$。

以三个试件测值的算术平均值作为试验结果。如任一测值与中间值的差值超过中间值的 15%,则取中间值为试验结果;当有两个测值与中间值的差值超过上述规定时,则该组试验结果无效。

4.2 推定混凝土强度

4.2.1 采用事先建立且推定精度满足使用要求的混凝土抗压、抗弯拉强度推定经验式(见式 T0563-2 至式 T0563-5),根据快硬湿筛砂浆抗压强度试验结果 f_{1h},推定标准养护 28d 龄期的混凝土抗压强度 $\hat{f}_{28}$ 及抗弯拉强度 $\hat{f}_{f28}$。

$$\hat{f}_{28} = a_1 + b_1 f_{1h} \quad \text{(T0563-2)}$$

$$\hat{f}_{f28} = a_2 + b_2 f_{1h} \quad \text{(T0563-3)}$$

$$\text{或} \quad \hat{f}_{28} = A_1 f_{1h}^{B_1} \quad \text{(T0563-4)}$$

$$\hat{f}_{f28} = A_2 f_{1h}^{B_2} \quad \text{(T0563-5)}$$

式中:$\hat{f}_{28}$——混凝土试件标准养护 28d 龄期的抗压强度(MPa);

$\hat{f}_{f28}$——混凝土试件标准养护28d龄期的抗弯拉强度(MPa);

f_{1h}——促凝压蒸1h的快硬湿筛砂浆试件抗压强度(MPa);

a_1、b_1、a_2、b_2 或 A_1、B_1、A_2、B_2——待定系数(与原材料性质有关,通过试验确定)。

注:进行预备试验建立混凝土强度推定经验式的方法应符合本规程 T 0563 附录的规定。

4.2.2 确定标准养护28d抗压、抗弯拉强度时,快硬湿筛砂浆强度的测值应在预备试验所得强度经验式的回归线范围内,不得外推。

5 试验报告

试验报告应包括以下内容:
(1)要求检测的项目名称、执行标准;
(2)原材料的品种、规格和产地;
(3)仪器设备的名称、型号及编号;
(4)环境温度和湿度;
(5)1h快硬强度和推定28d龄期时的强度;
(6)要说明的其它内容。

T 0563 附录 混凝土强度推定经验式的建立方法及精度要求

A.1 目的和适用范围

建立混凝土(抗压、抗弯拉)强度推定经验式,用于1h促凝压蒸法快速推定混凝土强度试验。

A.2 仪器设备与材料

A.2.1 T 0563《水泥混凝土强度快速试验方法(1h促凝压蒸法)》所用仪器设备及促凝剂。

A.2.2 T 0553《水泥混凝土立方体抗压强度试验方法》、T 0558《水泥混凝土抗弯拉强度试验方法》所用仪器设备。

A.3 试验步骤

A.3.1 在实验室采用与现场混凝土相同的原材料,设计4~6种灰水比(如1.50、1.75、2.00、2.25、2.50等)的混凝土配合比。最大、最小灰水比之差不应小于1,且现场混凝土的灰水比必须包括在此灰水比范围中。混凝土的石子用量或砂率适中,坍落度与施工要求相同。

A.3.2 按照设计配合比相继拌制各级混凝土,每种配合比均同时取样分别按本规程测定促凝压蒸1h湿筛砂浆抗压强度 f_{1h}、混凝土28d抗压强度 f_{28} 及抗弯拉强度 f_{f28}。一般情况下,建立一个推定经验式的数据不宜少于30组,因此,各个配合比的重复试验次数不宜少于5~8次。

如直接取现场混凝土进行预备试验,应注意取样混凝土的标号等级范围(尽量取不同等级标号)及材料的均一性。

A.4 试验结果计算

A.4.1 建立混凝土强度推定经验式

将各组快硬湿筛砂浆抗压强度及相应的混凝土28d抗压、抗弯拉强度试验结果汇总,进行数据回归分析,得出直线型($Y = a + bX$)或幂函数型($y = AX^B$)混凝土抗压、抗弯拉强度推定经验式。

所建混凝土强度推定式的相关性必须高度显著(一般情况下,室内试验的相关系数可达0.95左右,现场试验可达 0.85 左右;在现场混凝土标号单一的情况下,相关系数有可能达不到显著性程度),回归离差系数一般不应超过 10%,最大不应超过 15%。

A.4.2 验证混凝土强度经验式的推定精度

所建混凝土强度推定经验式须经现场试用验证其推定精度,在确认推定精度满足要求后方可正式采用。使用中的经验式,也须经常校核推定精度。

1. 在现场成型标准养护 28d 龄期混凝土抗压、抗弯拉强度试件的同时,取相同混凝土试样进行湿筛砂浆促凝压蒸 1h 快硬强度试验,根据所建强度经验式推定混凝土 28d 抗压强度或抗弯拉强度。

2. 按 T 0512 附录的方法统计 28d 龄期混凝土强度实测值与快速推定值的平均误差百分率 $\bar{v}$。

3. 在现场试验数据不少于 20~30 组的条件下,$\bar{V}$ 不宜超过 10%,最大不应超过 15%。否则,应分析原因,必要时对所建经验式进行适当修正或重新建立新的强度经验式。

A.4.3 统计试验误差

在试验数据不少于 20~30 组的条件下,混凝土强度及湿筛砂浆快硬强度的平均组内试验误差 $\bar{V}_t$ 不应大于 5%,平均多天试验变异系数 $\bar{v}_d$ 不应大于 10%。否则,应分析原因,采取相应改进措施。

注:① $\bar{V}_t$ 及 $\bar{V}_d$ 的统计计算方法见 T 0512 附录。

② 关于"混凝土强度推定经验式的建立及其推定精度计算方法"的详细内容,见《1h 推定混凝土强度新技术》(人民交通出版社出版)。

条文说明

1983 年国家计划委员会将此方法列为施工新技术重点推广项目之一,并下达交通部公路科研所"1h 推定混凝土强度新技术应用的研究"课题任务。在 1983~1987 年的应用研究工作中,通过推广应用并不断总结经验,以及着重进行完善试验方法、提高混凝土强度推定精度的试验研究,研制成混凝土湿筛砂浆振动筛分、成型两用机(简称两用机),改手工筛分、成型湿筛砂浆为机械操作,减轻了试验劳动强度并显著提高了试验精度。同时,还研制成 JQY—20 型可携式轻便压力机,为施工现场采用此方法加强混凝土质量控制创造了方便条件。本方法自列入《公路工程水泥混凝土试验规程》(JTJ 053—83)实施以来已取得良好的实际效果。

以往此法主要用于混凝土抗压强度的推定,近来此法也用于混凝土抗弯拉强度的推定。例如,湖北省公路局在 316、107 国道等水泥混凝土路面工程施工中将此法用于推定混凝土 28d 抗弯拉强度,1989 年通过鉴定获得专家好评;广西第五建筑工程公司于 1989 年 12 月至 1990 年 5 月在南宁机场道面混凝土施工中将此法用于推定混凝土抗弯拉强度,平均推定误差仅 3%,施工中混凝土 28d 抗弯拉强度平均值为 6.59MPa,离差系数仅 3.4%。实践证明,此法用于推定混凝土的抗弯拉强度不仅推定精度好,而且在一定条件下可提高施工质量的控制水平。

T 0564—2005 水泥混凝土动弹性模量试验方法(共振仪法)

(Standard Test Method for Fundamental Transverse Resonant Frequencies of Concrete Specimens)

1 目的、适用范围和引用标准

本方法规定了采用共振仪测定水泥混凝土动弹性模量的方法和步骤。

本方法适于各种符合尺寸要求的水泥混凝土试件的动弹性模量测定。测定水泥混凝土的动弹性模量,以检验水泥混凝土在经受冻融或其它侵蚀作用后遭受破坏的程度,评定其耐久性能。

引用标准:

T 0551—2005 《水泥混凝土试件制作与硬化水泥混凝土现场取样方法》

2 仪器设备

(1)共振法混凝土动弹性模量测定仪(简称共振仪):输出频率可调范围为100Hz~20kHz,输出功率应能激励试件产生受迫振动,以便能用共振的原理测定出试件的基频振动频率。

在无专用仪器的情况下,可将各类仪器组合进行试验。

共振仪输出频率的可调范围应与所测试件的尺寸、密度及混凝土品种相匹配,一般为100Hz~20kHz,输出功率也应能激励试件产生受迫振动,其基本原理示意如图T0564-1所示。

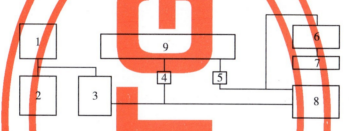

图T0564-1 共振法混凝土动弹性模量测定工作原理图

1-振荡器;2-频率计;3-放大器;4-激振换能器;5-拾振换能器;6-放大器;7-微安表;8-示波器;9-试件

(2)试件支承件:硬橡胶韧型支座或约20mm厚的软泡沫塑料垫。

(3)台秤:量程20kg,感量为10g。

3 试件制备

本试验采用截面为100mm×100mm的棱柱体试件,其长宽比一般为3~5。标准试件尺寸为100mm×100mm×400mm。

4 试验步骤

4.1 试验前测定试件的质量和尺寸。3个试件质量与其平均值的允许偏差为±0.5%,尺寸与其平均值的允许偏差为1%。每个试件的长度和截面尺寸均取3个部位的平均值。

4.2 将试件安放在支承体上,并定出以共振法测量试件横向基频振动频率时,激振换能器和拾振器的位置,如图T0564-2所示。将激振器和拾振器的测杆轻轻地压在试件的表面上(测杆与试件接触面一般涂一薄层黄油或凡士林),测杆压力的大小以不出现噪音为宜。

4.3 用共振仪进行测定时,可根据试件共振频率的大小,选择相应的频率测量范围。调整激振功率和接受增益旋钮至适当位置,以粗调迅速找到试件的共振点后,再进行细调。当微安表和示波器指示的幅度值一致增加,达到最大的幅度时即为共振。此时,从数字计数器上读出的频率,就是试件的自振频率。

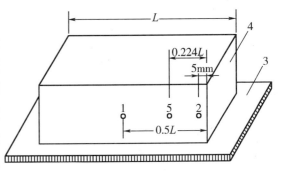

图 T0564-2 测示位置示意图
1-激振器位置;2-拾振器位置;3-泡沫塑料垫;4-试件(测量时试件成型面朝上);5-节点

4.4 用组合仪器进行测定时,采用示波器作显示仪器,示波器的图形调成一个正圆时的频率作为共振频率。当仪器同时具有指示电表和示波器时,以电表指针达到最大值时的频率作为共振频率。

4.5 观测时,应重复测试两次,测试结果的波动范围,以小于±0.5%为宜。以两次试验的平均值作为该试件的测值。

注:在测试过程中,如发现两个以上的峰值时,建议采用以下方法找出真实共振峰:
①将输出功率固定,反复调整仪器输出频率,从微安表上比较幅值的大小,幅值最大者为真实的共振峰。
②可把拾振器测杆移至节点处(距端部0.224倍的试件长度),如微安表指针为零,即为真实共振峰。

5 试验结果

混凝土动弹性模量应按下式计算:

$$E_\mathrm{d} = 9.46 \times 10^{-4} \frac{WL^3 f^2}{a^4} \times K \qquad (\text{T0564-1})$$

式中:E_d——混凝土动弹性模量(MPa);
a——正方形截面试件的边长(mm);
L——试件的长度(mm);
W——试件的质量(kg);
f——试件横向振动时的基振频率(Hz);
K——试件尺寸修正系数:$L/a = 3$ 时,$K = 1.68$;$L/a = 4$ 时,$K = 1.40$;$L/a = 5$ 时,$K = 1.26$。

混凝土动弹性模量以3个试件的平均值作为试验结果,结果计算精确到100MPa。

6 试验报告

试验报告应包括以下内容:
(1)要求检测的项目名称、执行标准;
(2)原材料的品种、规格和产地;

(3)仪器设备的名称、型号及编号;
(4)环境温度和湿度;
(5)混凝土动弹性模量;
(6)要说明的其它内容。

条文说明

本规程参照 ASTM C 215—97 修改。动弹性模量测量是一种无破损检测方法,对于持续的化学侵蚀、重复的冻融循环、老化及其它一些因素而导致的模量逐渐变化的测量极为有效。动弹性模量测量的原理是借助在混凝土中传播的波,在泊松比、密度和材料长度不变的条件下,波速(基频 = 波速/材料长度)和材料的弹性模量符合一定的函数关系。于是通过共振法测得材料的基频,就可以推知材料的弹性模量,为区别于常规的弹性模量,故称之为动弹性模量。普通的动弹性模量在 14 000MPa ~ 42 000MPa 间。除了本方法测得的横向基频外,采用类似的方法也可测得纵向基频,详见 ASTM C 215—97。

T 0565—2005 水泥混凝土抗冻性试验方法(快冻法)
(Standerd Test Method for Resistance of Concrete to Rapid Freezing and Thawing)

1 目的、适用范围和引用标准

本方法规定用快冻法测定水泥混凝土抵抗水和负温共同反复作用的能力。

本方法适用于以动弹性模量、质量损失率和相对耐久性指数作为评定指标的水泥混凝土抗冻性试验。本方法特别适用于抗冻性要求高的水泥混凝土。

引用标准:

T 0551—2005 《水泥混凝土试件制作与硬化水泥混凝土现场取样方法》

T 0564—2005 《水泥混凝土动弹性模量试验方法(共振仪法)》

2 仪器设备

(1)快速冻融试验装置:能使试件固定在水中不动,依靠热交换液体的温度变化而连续、自动地按照本方法第 4 条的要求进行冻融的装置。满载运行时冻融箱内各点温度的极差不得超过 2℃。

(2)试件盒:橡胶盒(也可用不锈钢板制成),净截面尺寸为 110mm × 110mm,高 500mm。

(3)动弹性模量测定仪:共振法频率测量范围 100Hz ~ 20kHz。其它设备应符合 T 0563 的要求。

(4)台秤:量程不小于 20kg,感量不大于 10g。

(5)热电偶电位差计:能测量试件中心温度,测量范围 −20℃ ~ 20℃,允许偏差为 ±0.5℃。

3 试样制备

3.1 试样制备应符合 T 0551 的规定。

采用 100mm×100mm×400mm 的棱柱体混凝土试件,每组 3 根,在试验过程中可连续使用。除制作冻融试件外,尚应制备中心可插入热电偶电位差计测温的同样形状、尺寸的标准试件,其抗冻性能应高于冻融试件。

3.2 也可以是现场切割的试件,尺寸为 100mm×100mm×400mm。

4 试验步骤

4.1 按 T 0551《水泥混凝土试件制作与硬化水泥混凝土现场取样方法》规定进行试件的制作和养护。试验龄期如无特殊要求一般为 28d。在规定龄期的前 4d,将试件放在 20℃±2℃ 的饱和石灰水中浸泡,水面至少高出试件 20mm(对水中养护的试件,到达规定龄期时,可直接用于试验)。浸泡 4d 后进行冻融试验。

4.2 浸泡完毕,取出试件,用湿布擦去表面水分。按 T 0564《水泥混凝土动弹性模量试验方法(共振仪法)》测横向基频,并称其质量,作为评定抗冻性的起始值,并做必要的外观描述。

4.3 将试件放入橡胶试件盒中,加入清水,使其没过试件顶面约 1mm~3mm(如采用金属试件盒,则应在试件的侧面与底部垫放适当宽度与厚度的橡胶板或多根直径 3mm 的电线,用于分离试件和底部)。将装有试件的试件盒放入冻融试验箱的试件架中。

4.4 按规定进行冻融循环试验,应符合下列要求:

4.4.1 每次冻融循环应在 2h~5h 完成,其中用于融化的时间不得小于整个冻融时间的 1/4。

4.4.2 在冻结和融化终了时,试件中心温度应分别控制在 -18℃±2℃ 和 5℃±2℃。中心温度应以测温标准试件实测温度为准。

4.4.3 在试验箱内,各个位置上的每个试件从 3℃ 降至 -16℃ 所用的时间,不得少于整个受冻时间的 1/2,每个试件从 -16℃ 升至 3℃ 所用的时间也不得少于整个融化时间的 1/2,试件内外温差不宜超过 28℃。

4.4.4 冻和融之间的转换时间不应超过 10min。

4.5 通常每隔25次冻融循环对试件进行一次横向基频的测试并称重,也可根据试件抗冻性高低来确定测试的间隔次数。测试时,小心将试件从试件盒中取出,冲洗干净,擦去表面水,进行称重及横向基频的测定,并做必要的外观描述。测试完毕后,将试件调头重新装入试件盒中,注入清水,继续试验。试件在测试过程中,应防止失水,待测试件须用湿布覆盖。

4.6 如果试验因故中断,应将试件在受冻状态下保存在原试验箱内。如果达不到这个要求,试件处在融解状态下的时间不宜超过两个循环。

4.7 冻融试验到达以下三种情况的任何一种时,即可停止试验。
(1) 冻融至300次循环。
(2) 试件的相对动弹性模量下降至60%以下。
(3) 试件的质量损失率达5%。

5 试验结果

5.1 相对动弹性模量 P 按下式计算:

$$P = \frac{f_n^2}{f_0^2} \times 100 \quad \text{(T0565-1)}$$

式中:P——经 n 次冻融循环后试件的相对动弹性模量(%);
f_n——冻融 n 次循环后试件的横向基频(Hz);
f_0——试验前试件的横向基频(Hz)。

以3个试件的平均值为试验结果,结果精确至0.1%。

5.2 质量变化率 W_n 按下式计算:

$$W_n = \frac{m_0 - m_n}{m_0} \times 100 \quad \text{(T0565-2)}$$

式中:W_n—— n 次冻融循环后的试件质量变化率(%);
m_0——冻融试验前的试件质量(kg);
m_n—— n 次冻融循环后的试件质量(kg)。

以3个试件的平均值为试验结果,精确至0.1%。

5.3 相对耐久性指数 K_n 按下式计算:

$$K_n = P \times N/300 \quad \text{(T0565-3)}$$

式中:K_n——经 n 次冻融循环后的试件相对耐久性指数(%);
N——达到本试验4.7款规定的冻融循环次数;

P——经 n 次冻融循环后3个试件的相对动弹模量平均值(%)。

精确至0.1%。

5.4 当 P 不大于60%或质量损失率达5%时的冻融循环次数 n，即为试件的最大抗冻循环次数。

5.5 冻融循环结束时试件的抗弯拉强度(可选)

当试件外观完整时，可按照 T 0558—2005《水泥混凝土抗弯拉强度试验方法》进行抗弯拉强度试验。

6 试验报告

试验报告应包括以下内容：
(1) 要求检测的项目名称、执行标准；
(2) 原材料的品种、规格和产地；
(3) 仪器设备的名称、型号及编号；
(4) 环境温度和湿度；
(5) 试件的质量变化率、最大抗冻循环次数和相对耐久性指数；
(6) 冻融循环结束时试件的抗弯拉强度(可选)；
(7) 要说明的其它内容。

条文说明

本方法参照 ASTM C 666—97 修改。ASTM C 666—97 中提出两种方法：在水中快冻(A法)和在空气中快冻(B法)，无论A法还是B法均要求在水中融化。相对于本快冻法，ASTM C 671 中提出每两星期冻融循环一次的方法，在试验期间测定试件的线性膨胀，直到试件达到临界膨胀点或达到规定循环次数。由于混凝土面板在接缝处水分的聚集，所以在使用10～15年内会因冻融循环在接缝处产生耐久性裂缝(D裂缝)。在 GBJ 82—85 中还有一个抗冻试验方法，称之为慢冻法，它要求试件在 -15℃～-20℃条件下保持不小于4h(150×150×150mm 或 100×100×100mm)，然后在水中融化不小于4h。且慢冻法定义混凝土同时满足强度损失率不超过25%、重量损失率不超过5%的最大循环次数为混凝土抗冻标号。而在快冻法中，没有这个概念。

本方法参考美国材料试验协会 ASTM C 666—97 标准，将试件融化终了的中心温度定为5℃±2℃，同时试件从融到冻、从冻到融所用时间也相应地规定为：从3℃降至 -16℃所用时间不得少于整个受冻时间的1/2，试件从 -16℃升到3℃所用的时间不得少于整个融化时间的1/2。

有时在试验结束后，试件没有明显的剥落现象，但由于多次循环，试件出现许多微裂纹并吸入水分，所以可能导致试件质量增加，而不是减少，为此本方法将质量损失率 W_n 改为质量变化率 W_n。

由于需要对试件进行无损检测，所以引入动态弹性模量评价冻融循环对试件的影响，但现有试验表明动态弹性模量和试件的抗弯拉强度相关性较差，所以本方法提出冻融循环结束时试件的抗弯拉强度作为备选指标。

T 0566—2005 水泥混凝土干缩性试验方法

(Standard Test Method for Drying Shrinkages of Cement Concrete)

1 目的、适用范围和引用标准

本方法规定了在恒温、恒湿条件下,测定水泥混凝土试件由于失水引起的轴向长度变形的方法。

本方法适用于不同水泥混凝土干缩性能的比较,本方法规定集料公称最大粒径不大于26.5mm。

引用标准:

T 0551—2005 《水泥混凝土试件制作与硬化水泥混凝土现场取样方法》

2 仪器设备

(1)试模:规格为100mm×100mm×400mm 或 100mm×100mm×515mm 的金属试模,两个端板的中心有放置测钉的孔,用于安装测钉。

(2)测钉:以不锈的金属制成,如图T0566-1所示。

(3)测长仪器:

①测量标距为540mm~600mm,允许偏差为0.01mm 的测微计(附有标准棒)。

②其它测长仪,至少达到0.002%的相对测量精度。

③测量混凝土变形的装置应具有殷钢或石英玻璃制作的标准杆,以便在测量前及测量过程中校核仪器的读数。

(4)干缩室(箱):室(箱)内控温度为20℃±2℃,相对湿度为60%±5%。室(箱)内配有温度、湿度自动记录仪,记录温度、湿度变化。置于恒温室中的干缩箱内须放干燥剂去湿。

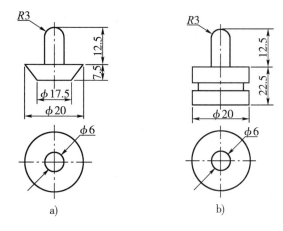

图 T0566-1 轴心收缩仪测钉(尺寸单位:mm)
a)后埋测钉;b)预埋测钉

3 试验步骤

3.1 干缩率试验以三个试件为一组。混凝土的拌合、成型按 T 0551 的规定进行。

3.2 如果采用预埋测钉,将干净的测钉安置在试模两头端板的中心孔中。成型试件的过程中,应防止测钉脱落。试件成型后送养护室养护,约2h~4h后抹平表面,并防止水珠滴在试件表面。试件应带模养护1d~2d(视当时混凝土实际强度而定)。

3.3 如果采用后埋测钉,成型试件后,试件应带模养护 1d~2d(视当时混凝土实际强度而定)。拆模后,立即用环氧树脂或其它化学粘结剂加固轴心测钉。

3.4 试件应在 3d 龄期(从搅拌混凝土加水时算起)从标准养护室取出,并立即移入干缩室内测定初始长度(含测头)。初始长度应重复测定三次,取算术平均值作为基准长度的测定值。

3.5 从移入干缩室日起计算,在 1、3、7、14、28、60、90、120、150、180d 测定试件的长度。

3.6 测量前应先用标准杆校正仪器的零点,并应在半天的测定过程中至少校核 1~2 次(其中一次在全部试件测读完后)。如复核时发现零点与原值的偏差超过 ±0.01mm,应调零后重新测定。

3.7 试件每次在收缩仪上放置的位置、方向应保持一致。为此,应在试件上标明相应的记号。试件在放置及取出时应仔细,不能碰撞表架及表杆,否则应重新校核零点。
每次读数应重复 3 次。

3.8 试件经测长和称量后,将底面架空置于不吸水的硬质网格垫板上,连同垫板放在试件架上,试件之间的间距应不小于 30mm。
注:湿试件和干试件应分开储存。

3.9 需要测定混凝土自收缩的试件,在 3d 龄期时从标准养护室取出立即密封处理。密封处理可采用金属套或蜡封,采用金属套时试件装入后应盖严焊死,不得留有任何缝隙。外露的测头周围应用石蜡封堵。蜡封时至少应涂蜡 3 次,每次涂蜡前应用浸蜡的纱布裹严,蜡封完毕后应套塑料布。
收缩试验期间,试件应无质量变化,在 180d 内质量变化不超过 10g,否则无效。

4 试验结果计算

某一龄期混凝土的干缩率按下式计算:

$$S_d = \frac{(X_{01} - X_{t1})}{L_0} \times 100 \qquad (T0566\text{-}1)$$

式中:S_d——龄期 d 天的混凝土干缩率(%);
L_0——试件的测量标距,等于混凝土试件的长度(不计测头凸出部分)减去 2 倍测头埋入深度(mm);
X_{01}——试件的初始长度(含测头)(mm);
X_{t1}——龄期 t 天时干缩长度测值(含测头)(mm)。

取 3 个试件干缩率的算术平均值作为试验结果,干缩率计算精确至 0.0001%。

5 试验报告

试验报告应包括以下内容：
(1)要求检测的项目名称、执行标准；
(2)原材料的品种、规格和产地；
(3)仪器设备的名称、型号及编号；
(4)环境温度和湿度；
(5)干缩率；
(6)要说明的其它内容。

条文说明

本方法参照 GBJ 82—85 修改。干缩率是公路工程水泥混凝土的主要性能之一，与所用原材料和配合比等许多因素有关，必须通过试验进行测定。

目前也有将棱柱体混凝土试件竖起来，以千分表固定在混凝土试件上端测定干缩变形的办法，但这种测试方法必须考虑混凝土初期由自重引起的变形。

T 0567—2005 水泥混凝土耐磨性试验方法
(Standard Test Method for Abrasion Resistance of Concrete Surfaces)

1 目的、适用范围和引用标准

本方法规定了水泥混凝土耐磨性试验的方法和步骤。

本方法适用于检验水泥混凝土的耐磨性，按规定的磨损方式磨削，以试件磨损面上单位面积的磨损量作为评定水泥混凝土耐磨性的相对指标。

引用标准：

T 0510—2005 《水泥胶砂耐磨性试验方法》

T 0551—2005 《水泥混凝土试件制作与硬化水泥混凝土现场取样方法》

2 仪器设备

(1)混凝土磨耗试验机：应符合 T 0510 附录《水泥胶砂磨耗试验机》的有关规定，并同时符合以下条件：

①水平转盘上的卡具，应能卡紧 150mm×150mm×150mm 立方体试件或直径为 ϕ150mm 的钻孔取芯试件，卡紧后试件不上浮和翘起。

②磨头与水平转盘间有效净空为 160mm~180mm。

(2)磨头花轮刀片：应符合 T 0510 附录中有关花轮刀片的规定。

(3)试模：模腔有效容积为 150mm×150mm×150mm，符合表 T0551-1 的规定。

(4)烘箱:调温范围为50℃~200℃,控制温度允许偏差为±5℃。

(5)电子秤:量程大于10kg,感量不大于1g。

3 试样

混凝土磨耗试验采用150mm×150mm×150mm立方体标准试件,每组3个试件。试件的成型和养护按T 0551的规定进行。

4 试验步骤

4.1 试件养护至27d龄期从养护地点取出,擦干表面水分放在室内空气中自然干燥12h,再放入60℃±5℃烘箱中,烘12h至恒重。

4.2 试件烘干处理后放至室温,刷净表面浮尘。

4.3 将试件放至耐磨试验机的水平转盘上(磨削面应与成型时的顶面垂直),用夹具将其轻轻紧固。在200N负荷下磨30转,然后取下试件刷净表面粉尘称重,记下相应质量m_1,该质量作为试件的初始质量。然后在200N负荷下磨60转,然后取下试件刷净表面粉尘称重,并记录剩余质量m_2。

整个磨损过程应将吸尘器对准试件磨损面,使磨下的粉尘被及时吸走。如果混凝土具有高耐磨性,可再增加旋转次数,并应特别注明。

4.4 每组花轮刀片只进行一组试件的磨耗试验,进行第二组磨耗试验时,必须更换一组新的花轮刀片。

5 试验结果

5.1 按下式计算每一试件的磨损量,以单位面积的磨损量来表示。

$$G_c = \frac{m_1 - m_2}{0.0125} \qquad (T0567-1)$$

式中: G_c——单位面积的磨损量(kg/m²);

m_1——试件的初始质量(kg);

m_2——试件磨损后的质量(kg);

0.0125——试件磨损面积(m²)。

5.2 以3块试件磨损量的算术平均值作为试验结果,结果计算精确至0.001kg/m²。当其中一块磨损量超过平均值15%时,应予以剔除,取余下两块试件结果的平均值作为试验结果,如两块磨损量均超过平均值15%时,应重新试验。

6 试验报告

试验报告应包括以下内容:

(1)要求检测的项目名称、执行标准;
(2)原材料的品种、规格和产地;
(3)仪器设备的名称、型号及编号;
(4)环境温度和湿度;
(5)单位面积的磨损量;
(6)要说明的其它内容。

条文说明

本方法和 ASTM C 944—95 在试验原理上是一致的,均采用旋转磨耗法,以一定时间内试件的质量损失率作为磨损量。然而采用 JC/T 421—91 规定的磨耗试验机和 ASTM C 944—95 有所区别,所以在配重和磨耗时间方面有所不同。

美国已制订了混凝土和水泥砂浆耐磨性试验方法。ASTM C 77—89a 包括三种方法(转盘式、琢毛滚轮式和滚珠式)。

1990 年中国建筑材料科学研究院研制成功的新型磨耗试验机已通过鉴定,所制订的"水泥胶砂耐磨性试验方法"已被批准作为国家专业标准(编号 JC/T 425—91)。

中国建筑材料科学研究院对为配合道路水泥国家标准的制订而研制成功的新型耐磨耗试验机和已被批准作为国家专业标准的试验方法已进行大量试验工作;对水泥胶砂耐磨性试验机和已作为国家专业标准的试验方法也已进行了大量的试验工作;对水泥胶砂耐磨性试验已取得比较成熟的经验,为混凝土耐磨性试验创造了重要条件。如果这种新型磨耗试验机能同时检测混凝土和水泥胶砂两者的耐磨性能,则可一机两用,取得事半功倍的效果。

1992 年交通部公路科学研究所用 TMS—240 型"水泥胶砂耐磨试验机"(对试件固定部分作了加工改制),进行不同配合比水泥胶砂和混凝土的耐磨性试验,结果表明,两者的磨损量均与强度有很密切的关系(相关系数为 0.91~0.94),可以达到一机两用的预期目的。本试验方法以室内试验为主,用普遍采用的边长为 150mm 立方体作为混凝土抗磨标准试件,易于进行大量比较试验,通用性较好。

T 0568—2005 水泥混凝土抗渗性试验方法

(Standard Test Method for Permeation Resistance of Cement Concrete under Hydraulic Pressure)

1 目的、适用范围和引用标准

本方法规定了水泥混凝土抗渗性试验的方法和步骤。

本方法适用于检测水泥混凝土硬化后的防水性能以及测定其抗渗等级。

引用标准:

T 0551—2005 《水泥混凝土试件制作与硬化水泥混凝土现场取样方法》

2 仪器设备

(1)水泥混凝土渗透仪:应能使水压按规定方法稳定地作用在试件上。

(2)成型试模：上口直径175mm，下口直径185mm，高150mm的锥台或上下直径与高度均为150mm的圆柱体。

(3)螺旋加压器、烘箱、电炉、浅盘、铁锅、钢丝刷等。

(4)密封材料：如石蜡，内掺松香约2%。

3 试件制备

3.1 制备和养生符合 T 0551 的规定。试块养护期不少于28d，不超过90d。

3.2 试件成型后24h拆模，用钢丝刷刷净两端面水泥浆膜，标准养护龄期为28d。

4 试验步骤

4.1 试件到龄期后取出，擦干表面，用钢丝刷刷净两端面，待表面干燥后，在试件侧面滚涂一层熔化的密封材料，然后立即在螺旋加压器上压入经过烘箱或电炉预热过的试模中，使试件底面和试模底平齐，待试模变冷后，即可解除压力，装在渗透仪上进行试验。

如在试验过程中，水从试件周边渗出，说明密封不好，要重新密封。

4.2 试验时，水压从0.1MPa开始，每隔8h增加水压0.1MPa，并随时注意观察试件端面情况，一直加至6个试件中有3个试件表面发现渗水，记下此时的水压力，即可停止试验。

注：当加压至设计抗渗等级，经8h后第三个试件仍不渗水，表明混凝土已满足设计要求，也可停止试验。

5 试验结果

混凝土的抗渗等级以每组6个试件中4个未发现有渗水现象时的最大水压力表示。抗渗等级按下式计算：

$$S = 10H - 1 \quad (T0568-1)$$

式中：S——混凝土抗渗等级；

H——第三个试件顶面开始有渗水时的水压力（MPa）。

注：混凝土抗渗等级分级为S2、S4、S6、S8、S10、S12，若压力加至1.2MPa，经过8h，第三个试件仍未渗水，则停止试验，试件的抗渗等级以S12表示。

6 试验报告

试验报告应包括以下内容：

(1)要求检测的项目名称、执行标准；

(2)原材料的品种、规格和产地；

(3)仪器设备的名称、型号及编号；

(4)环境温度和湿度；

(5)抗渗等级；

(6)要说明的其它内容。

条文说明

本方法参照 GBJ 82—85《普通混凝土长期性和耐久性能试验方法》中的第五章修改,本方法可用于评价水泥混凝土的耐久性。

T 0569—2005 水泥混凝土渗水高度试验方法
(Standard Test Method for Permeation Depth of Cement Concrete under Hydraulic Pressure)

1 目的、适用范围和引用标准

本方法规定了在给定时间和水压力条件下水泥混凝土渗水高度的测定方法。

本方法适用于室内相对比较水泥混凝土的密实性,计算相对渗透系数。也可用于比较水泥混凝土的抗渗性。

引用标准:

T 0551—2005 《水泥混凝土试件制作与硬化水泥混凝土现场取样方法》

2 仪器设备

(1)梯形板:尺寸如图 T0569-1 所示,画有十条等间距垂直于上下端的直线。亦可采用尺寸约为 200mm×200mm 的玻璃或其它透明材料,将十条等间距线画在上面。

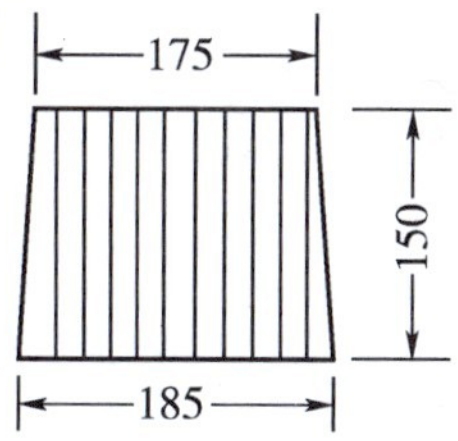

(2)钢尺:分度值为 1mm。

(3)成型试模:上口直径 175mm,下口直径 185mm,高 150mm 的锥台或上下直径与高度均为 150mm 的圆柱体。

(4)钟表:分度值为 min。

(5)螺旋加压器、烘箱、电炉、浅盘、铁锅、钢丝刷等。

图 T0569-1 梯形玻璃板(尺寸单位:mm)

3 试件制备

试件到龄期后取出,擦干表面,用钢丝刷刷净两端面,待表面干燥后,在试件侧面滚涂一层熔化的密封材料,然后立即在螺旋加压器上压入经过烘箱或电炉预热过的试模中,使试件底面和试模底平齐,待试模变冷后,即可解除压力,装在渗透仪上进行试验。

如在试验过程中,水从试件周边渗出,说明密封不好,要重新密封。

比较不同水泥品种的混凝土时,试件养护至 28d;比较水泥品种相同的混凝土时,试件可养护至 14d。

4 试验步骤

4.1 试验时,水压控制恒定为 0.8 MPa±0.05MPa,同时开始记录时间(精确到 min),

24h后停止试验,取出试件。

> 注:1.在恒压过程中,如果试件顶端出现渗水,应立即停止试验,并记录下时间。此时该试件的渗水高度即为试件高度。
> 2.当混凝土较为密实时,压力可改为1.0 MPa或1.2MPa。

4.2 将试件放在压力机上,沿纵断面将试件劈裂成两半,待看清水痕后(约过 2 min~3min)用墨汁描出水痕,即为渗水轮廓,笔迹不宜太粗。

4.3 将梯形玻璃板放在试件劈裂面上,用尺测量十条线的渗水高度(精确至1mm)。

5 结果计算

5.1 以10个测点处渗水高度的算术平均值作为该试件的渗水高度;然后再计算6个试件的渗水高度的算术平均值,作为该组试件的平均渗水高度。

如试件的渗水高度均匀(3个试件渗水高度值中最大值与最小值之差不大于3个数的平均值的30%)时,允许从6个试件中先取3个试件进行试验,其渗水高度取3个试件的算术平均值。

根据试验所得渗水高度大小,相对比较混凝土的密实性。

5.2 相对渗透系数:

$$S_k = \frac{mD_m^2}{2TH} \tag{T0569-1}$$

式中:S_k——相对渗透系数(mm/s);
  D_m——平均渗水高度(cm);
  H——水压力,以水柱高度表示(cm);
  T——恒压经历的时间(h);
  m——混凝土的吸水率,一般为0.03。

注:1MPa的水压力,以水柱高度表示为10 200cm。

6 试验报告

试验报告应包括以下内容:
(1)要求检测的项目名称、执行标准;
(2)原材料的品种、规格和产地;
(3)仪器设备的名称、型号及编号;
(4)环境温度和湿度;
(5)渗水高度和相对渗透系数;
(6)要说明的其它内容。

条文说明

本方法参考 DL/T 5150—2001《水工混凝土试验规程》中的 4.22 节修改。

T 0570—2005 水泥砂浆立方体抗压强度试验方法
(Standard Test Method for Compressive Strength of Cubic Mortar Specimens)

1 目的、适用范围和引用标准

本试验规定了测定水泥砂浆抗压极限强度的方法,以确定水泥砂浆的强度等级,作为评定水泥砂浆品质的主要指标。

本试验适用于各类水泥砂浆的 70.7mm×70.7mm×70.7mm 立方体试件。

引用标准:

JG/T 3020—1994　《混凝土试验用振动台》

GB/T 3722—1992　《液压式压力试验机》

GB/T 2611—1992　《试验机通用技术要求》

JG 3019—1994　《水泥混凝土试模》

JG 3021—1994　《水泥混凝土坍落度仪》

2 仪器设备

(1)试模为 70.7mm×70.7mm×70.7mm 立方体,由铸铁或钢制成,应具有足够的刚度并拆装方便。试模的内表面应机械加工,其不平度应为每 100mm 不超过 0.05mm,组装后各相邻面的不垂直度不应超过 ±0.5°。

(2)捣棒:直径 10mm、长 350mm 的钢棒,端部应磨圆。

(3)压力试验机:符合 JG/T 3020 中压力机的要求。

(4)垫板:试验机上、下压板及试件之间可垫以钢垫板,垫板的尺寸应大于试件的承压面,其不平度应为每 100mm 不超过 0.02mm。

3 试件制备及养护

3.1 制作砌筑砂浆试件时,将无底试模放在普通粘土砖上(砖的吸水率不小于 10%,含水率不大于 2%),试模内壁事先涂刷薄层机油或脱模剂。

3.2 使用前预先在普通粘土砖上铺上吸水性较好的纸,如湿的新闻纸(或其它未粘过胶凝材料的纸),纸的大小要以能盖过砖的四边为准。砖的使用面要求平整,凡砖四个垂直面粘过水泥或其它胶结材料后,不允许再使用。

3.3 向试模内一次注满砂浆,用捣棒均匀由外向里按螺旋方向插捣 25 次,为了防止低稠度砂浆插捣后可能留下孔洞,允许用油灰刀沿模壁插数次,使砂浆高出试模顶面 6mm~8mm。

3.4 当砂浆表面开始出现麻斑状态时(约 15min~30min),将高出部分的砂浆沿试模顶面削去抹平。

3.5 试件制作后应在 20℃±5℃ 温度环境下放置一昼夜(24h±2h),当气温较低时,可适当延长时间,但不应超过两昼夜,然后对试件进行编号并拆模。试件拆模后,应在标准养护条件下继续养护至 28d,然后进行试压。

3.6 标准养护的条件

3.6.1 水泥混合砂浆:标准养护的条件为温度 20℃±2℃,相对湿度 60%~80%。

3.6.2 水泥砂浆和微沫砂浆:标准养护的条件为温度 20℃±2℃,相对湿度 90% 以上。

3.6.3 养护期间,试件彼此间隔 10mm 以上。

4 试验步骤

4.1 试件从养护地点取出后,应尽快进行试验,以免试件内部的温、湿度发生显著变化。先将试件擦拭干净,测量尺寸,并检查其外观。试件尺寸测量精确至 1mm,如果实测尺寸与公称尺寸之差不超过 1mm,按公称尺寸进行计算。

4.2 将试件安放在试验机的下压板上(或下垫板上),试件的承压面应与成型时的顶面垂直,试件中心应与试验机下压板(或下垫板)中心对准。

开动试验机,当上压板与试件(或下垫板)接近时,调整球座,使接触面均衡受压。承压试验应连续而均匀加荷,加荷速度为 0.5kN/s~5kN/s(砂浆强度 5MPa 及 5MPa 以下时,取下限为宜,砂浆强度 5MPa 以上取上限为宜),保持试验机油门,直至试件破坏。

5 试验结果计算

5.1 立方体抗压强度

$$f_{m,cu} = \frac{F_u}{A} \tag{T0570-1}$$

式中:$f_{m,cu}$——砂浆立方体抗压强度(MPa);

F_u——破坏荷载(N);

A——试件承压面积(mm^2)。

5.2 结果处理

以 6 个试件的算术平均值作为该组试件的抗压强度,精确至 0.1 MPa。

6 试验报告

试验报告应包括以下内容:
(1)要求检测的项目名称、执行标准;
(2)原材料的品种、规格和产地;
(3)仪器设备的名称、型号及编号;
(4)环境温度和湿度;
(5)立方体抗压强度;
(6)要说明的其它内容。

条文说明

本方法参照 ASTM C 109/C 109M—98 制订。但在 ASTM C 109/C 109M—98 中采用的试件为 50mm×50mm×50mm 立方体。